SCM

Stiftung Christliche Medien

SCM ist ein Imprint der SCM Verlagsgruppe, die zur
Stiftung Christliche Medien gehört, einer gemeinnützigen
Stiftung, die sich für die Förderung und Verbreitung christlicher
Bücher, Zeitschriften, Filme und Musik einsetzt.

© 2024 SCM Verlag in der SCM Verlagsgruppe GmbH
Max-Eyth-Straße 41 · 71088 Holzgerlingen
Internet: www.scm-verlag.de; E-Mail: info@scm-verlag.de

Soweit nicht anders angegeben, sind die Bibelverse
folgender Ausgabe entnommen:
Neues Leben. Die Bibel, © der deutschen Ausgabe 2002 und 2006 SCM R.Brockhaus in der SCM
Verlagsgruppe GmbH Witten/Holzgerlingen
Weiter wurden verwendet:
Lutherbibel, revidiert 2017, © 2016 Deutsche Bibelgesellschaft, Stuttgart (LUT)
Elberfelder Bibel 2006, © 2006 by SCM R.Brockhaus in der
SCM Verlagsgruppe GmbH Witten/Holzgerlingen. (ELB)

Gesamtgestaltung: Franka Röhm, Lenningen
Titelbild: Joschka Lippelt
Bildnachweis: Joschka Lippel (S. 11, 21, 48, 51, 57, 67, 68, 71, 72, 74, 77, 78, 86, 91, 96, 101, 131, 141);
Daisy v. Armin (S. 60-61); Malte Eberle (S. 117); Christopher Haan (S. 122); Sven Zillat (S. 129);
shutterstock.com/ Mamita, Liliya Shlapak, Olga Korneeva, Peter Hermes Furian, Ntguilty, Dariush
M, Augusta16, kovop, Jesus Cervantes, Mircea Costina, Parilov, Phil Cruz, mehmetcan, kkymek,
Tobias Arhelger, PeopleImages.com, SEEphotos7171, Valery Rokhin, Stock Holm, Piyathep,
BarthFotografie, Mineola, Ysbrand Cosijn;
pixabay/ neelam279, lumix2004, puckel, Congerdesign, Yamabon, Giografiche, Manfredrichter,
pieonane, MabelAmber, StockSnap
Druck und Verarbeitung: Finidr s.r.o.
Gedruckt in Tschechien
ISBN 978-3-7893-9913-8
Bestell-Nr. 629.913

DAISY GRÄFIN VON ARNIM

MIT *Herz* UND *Hingabe* ARBEITEN

Von der Freude am Schaffen
und Gestalten

SCM

INHALT

EINLEITUNG

Arbeit bestimmt unseren Alltag und unser Leben. Doch schätzen wir Arbeit auch oder ist sie nur eine Last? Arbeiten wir gerne? Warum arbeiten wir? Arbeiten wir unseren Fähigkeiten entsprechend? Sind unsere Chefs oder unsere Kollegen dankbar für unsere Arbeit? Haben wir innerlich bereits gekündigt? Träumen wir von einer Selbständigkeit, die uns von der Qual erlöst, etwas machen zu müssen, was man uns sagt? Was machen wir eigentlich? Planen wir unseren Tag oder wird er geplant? Mögen wir Veränderungen im Beruf? Wie wichtig ist Geld für uns? Wie sieht unser Lebenswerk aus? Wünschen wir uns eine andere Karriere und weshalb? Haben wir schon einmal darüber nachgedacht, warum man überhaupt arbeiten muss, darf oder kann? Wie sieht unsere Lebensplanung aus? Haben wir eine oder leben wir von Wochenende zu Wochenende, von Urlaub zu Urlaub?

Für mich wäre es ein sehr unangenehmer Gedanke, im Himmel anzukommen und dort von Gott gefragt zu werden: „Und? Was hast du mit deinem schönen Leben gemacht? Was hast du mit all den Möglichkeiten gemacht, die ich dir vor die Tür gestellt habe? Was hast du mit deinen Fähigkeiten, die ich dir in die Wiege gelegt habe, gemacht? Wieso hast du so viel Zeit mit Fernsehen und nichtigen Dingen zugebracht, statt die Zeit, die Kraft und die Gelegenheiten auszukosten? Du hattest doch nur einmal zu leben!" Dieser Gedanke begleitet mich, seit mir bewusst ist, dass ich kürzer zu leben habe, als ich schon gelebt habe.

Etwas hat sich verändert

Es ist was faul in unserem Land. Ich weiß gar nicht, wann das in den letzten Jahren angefangen hat, aber viele Menschen wollen nicht mehr arbeiten. Sie haben die Freude daran verloren, suchen die Work-Life-Balance und brauchen von Freitag bis Sonntag frei. Chefs klagen über viele Krankentage, mangelndes Verantwortungsbewusstsein, sehr hohe Ansprüche und dass bei Bewerbungsgesprächen gleich der Jahresurlaub mit angefragt wird. Und dann wieder kann vom Lohn nicht der Lebensunterhalt bestritten werden.

Die Uckermark hatte zur Wendezeit eine Arbeitslosigkeit von offiziell über 22 Prozent.

Heute beträgt sie immer noch 8 Prozent. Menschen, die inzwischen in dritter oder vierter Generation von Sozial- oder Arbeitslosenhilfe leben, haben sich an den Zustand gewöhnt und sind nicht mehr in der Lage, einen ganzen Arbeitstag zu bewältigen. Was ist geschehen?

Nach der Wende war Arbeit im Osten das alles beherrschende Thema. Die Rentner fragten sich beim Einkaufen auf dem Markt, ob der Sohn, der Enkel, die Tochter oder die Enkelin Arbeit hätten. Sie fragten nicht: „Wie geht es dir?", sondern: „Haben deine Kinder Arbeit?".

Als ich mit der Mosterei anfing, fand sich mindestens eine Bewerbung pro Woche in meinem Briefkasten. Da war eine Not! Jetzt ist es ganz anders. Viele Unternehmer finden nur noch schwer Arbeitskräfte. Und auch das ist eine Not, die uns

als Gesellschaft ausbremst. So sagen mir fast alle Unternehmer, mit denen ich in diesen Tagen spreche: „Wir könnten mehr Aufträge annehmen, wenn wir mehr Mitarbeiter hätten." oder: „Ich muss das Geschäft schließen, ich finde keine Mitarbeiter".

Ich frage mich, braucht niemand mehr Arbeit, oder wo sind die Menschen, die Arbeit bräuchten?

Speziell in der Uckermark hat sich die Altersstruktur verändert. Viele vor denen, die vor 30 Jahren noch gearbeitet haben, sind inzwischen in Rente, und die Jüngeren haben sich längst außerhalb orientiert. Besonders diejenigen, die aus Berlin zuziehen, arbeiten weiter im Homeoffice für Firmen, die irgendwo anders sitzen vermute ich.

Wachsende Bürokratie ist für viele Unternehmer ein großes Problem. Zum Beispiel wurde bei uns nach 22 Jahren festgestellt, dass unsere Apfelstücke in Schokolade falsch deklariert waren, und ich bekomme ein ellenlanges Schreiben vom Amt. Oder nach 20 Jahren entdeckt das Eichamt, dass auf einem Glas Apfelmus mit Aronia die Angabe „360 g" zu klein auf das Etikett gedruckt wurde. Prüfungen, Auflagen, Kontrollen, eine neue Waage und viel Papier sind erforderlich, um alle Auflagen zu erfüllen. Große Firmen stellen dafür einen Mitarbeiter ein, kleinere kommen oft in Schwierigkeiten.

Solange die Wirtschaft läuft, geht das alles gut. Aber wenn sie ins Stocken gerät, wird es schwierig. Denn wer soll das alles erwirtschaften, wenn nicht die Unternehmen?

Einige wechseln auch von der freien Wirtschaft in die Verwaltung in vermeintlich sichere Arbeitsstellen. Doch wir brauchen Menschen, die etwas riskieren und ihre Träume verwirklichen, indem sie etwas produzieren, anstatt nur zu verwalten.

Wir brauchen eine neue Einstellung zur Arbeit

Vor einiger Zeit war ich im Hotel Estrel in Berlin. Der Gründer ist ein lebendes Beispiel für einen Unternehmer mit einem Traum, nämlich das größte Hotel Deutschlands zu bauen. Es ist überwältigend, in der Lobby das Geräusch von so vielen Stimmen zu hören. Leben pur und Arbeit für sehr viele Menschen. An das Hotel sind Messehallen angegliedert und ein neuer Hotelturm ist in Planung. Solche Träumer und Unternehmer brauchen wir überall und in der Uckermark besonders.

Ich finde, es muss wieder mehr Sinn in die Arbeit, trotz all der Herausforderungen, die damit verbunden sind: den Kollegen, dem Chef, dem eigenen Geschäft, Corona, Homeoffice, Work-Life-Balance, Mitarbeitersuche, höheren Preisen ... Man muss einfach wissen, warum man sich früh morgens aus dem Bett quält. Der tiefere Sinn all dessen muss einem klar sein, sonst kann man tatsächlich die Freude an der Arbeit verlieren.

Arbeitet man nur, um seinen Lebensunterhalt zu verdienen? Da muss es doch noch mehr geben. Dieses Buch will den Sinn von dem, was wir die meiste Zeit unseres Lebens tun, nämlich arbeiten, aufzeigen. Warum muss man eigentlich arbeiten und warum kann Arbeit auch sehr gut sein?

Jedes Mal, wenn ich erzählt habe, dass ich ein Buch über Arbeit schreibe, entstanden lange Gespräche. Es beschäftigt viele von uns, vor allem, weil es zu viel Unzufriedenheit gibt.

Dieses Buch will keine theologischen Thesen aufstellen und enthält auch keine komplizierten wissenschaftlichen Ausführungen und Statistiken. Es ist für den „Otto Normalverbraucher" gedacht, alle, die täglich zur Arbeit gehen, möchte ich damit ermutigen.

Arbeit muss wieder mehr Sinn und Schaffensfreude enthalten.

» *Ich finde, es muss wieder mehr Sinn in die Arbeit.*

WIE MEINE GESCHICHTE MEINEN BLICK AUF DIE ARBEIT GEPRÄGT HAT

Von Kindheit an ist Arbeit ein wesentlicher, wenn nicht sogar der alles bestimmende Teil meines Lebens gewesen. Meine Eltern landeten als Flüchtlinge im Oldenburger Land. Ich bin also in Niedersachsen aufgewachsen, aber in Schlesien und Mecklenburg-Vorpommern durch die Eltern verwurzelt.

Mein Vater kam 1949 aus russischer Kriegsgefangenschaft. Seiner Passion folgend, gründete er auf zwei Hektar sandigem Boden einen Tierpark. Dann starb seine erste Frau und er blieb mit meinem großen Bruder und meiner Schwester zurück.

Auf dem Grundstück gab es am Anfang nichts, keinen Strom, kein fließendes Wasser. Alles fing mit einem kleinen Haus und ein paar Zäunen an, hinter denen Enten, Gänse und Fasane gehalten wurden. Nach einiger Zeit hat mein Vater wieder geheiratet und fünf Jahre später kam ich auf die Welt. Seitdem ich denken kann, bin ich meistens mit meiner Mutter, oft auch mit meinem Vater und den Mitarbeitern zusammen gewesen und habe anfangs spielerisch mitgeholfen, bis ich dann immer mehr Aufgaben übertragen bekam, die ich selbstständig erledigte.

Wir haben die Wege für die Besucher geharkt, Würstchen im Kiosk gebraten, gekocht und geputzt. Mit meiner Mutter habe ich Blumenbeete gesäubert und dabei die schönsten Geschichten „von früher" aus einem verherrlichten Gutsleben gehört, das 1945 durch die russische Besatzung jäh beendet worden war. In unserem Tierpark wurden Busgruppen empfangen, wir haben Groschenstücke abgezählt und in 5-DM-Papierrollen eingerollt.

Wir haben gekocht und nochmals gekocht und dann auch noch quasi die gesamte Ernte aus dem Garten eingekocht. Das zerfledderte Dr.-Oetker-Schulkochbuch kenne ich fast auswendig. Als Erwachsene habe ich eine Zeit lang nur gekaufte Erdbeermarmelade gegessen, weil ich das Einkochen so leid war.

Nach einer Buchhändlerlehre ging ich nach Tübingen zum Studium, dann nach Göttingen und 1995 mit meinem Mann in die Uckermark.

MEINE MUTTER

Meine Mutter habe ich als sehr viel und hart arbeitende Frau erlebt.

Aus der Not heraus hat meine Mutter mir Arbeit als Erstes beigebracht. Sie war ihr Leben lang bienenfleißig, bis es nicht mehr ging.

Sie hatte in unserem Tierpark mehrere Angestellte, mit denen sie bis zu ihrem Tod verbunden war. Es war wie in einer Familie. Meine Mutter hatte echtes Interesse an jedem Einzelnen. Sie hatte Verantwortung für das Wohl ihrer Mitarbeiter. Es wurde zusammen gegessen und im kleineren Kreis wurden auch Zwischenpausen gemacht. Mit großer Sorgfalt wurden die Geschenke zu Geburten, Geburtstagen und zu Weihnachten ausgewählt.

Eine Mitarbeiterin hat uns vor einiger Zeit in Lichtenhain besucht und wir haben uns über die Zeit damals in der „Sagerheide" ausgetauscht.

Meine Mutter hat mir von klein auf Verantwortung und Respekt den Mitarbeitern gegenüber beigebracht und bei allem selbst mitgearbeitet. So entstand das Gefühl der

Zusammenarbeit und das Dankesagen war immer direkt mit einer bestimmten Arbeit verknüpft.

Meine Mutter hat viel und an der richtigen Stelle gelobt und gedankt. Ihr war es wichtig, dass die Frauen sich wohlfühlen und gerne zur Arbeit kommen und einen Sinn darin sehen. Für mich ist es ebenfalls immer wichtig gewesen, die Arbeit der Angestellten wertzuschätzen.

Unbewusst hat meine Mutter den Bibelvers „Die Augen der Magd achten auf die Hand ihrer Herrin" (nach Psalm 123,2) gelebt, weil sie immer mit anderen gemeinsam gearbeitet hat. Darauf war sie auch angewiesen, um alles zu schaffen. Ihre Dankbarkeit war für mich eine große Motivation. So habe ich bereits in sehr jungem Alter mit den Mitarbeiterinnen das tägliche große Mittagessen vorbereitet und viel dabei gelernt.

Auch die Auswahl der richtigen Mitarbeiter war für meine Mutter immer sehr wichtig. Vertrauen ist überhaupt ein wichtiger Bestandteil für die Leiter und die Angestellten einer Firma.

Ich glaube übrigens, dass kein Mensch wirklich in der Lage ist, mehr als acht Menschen bei der Arbeit zu beaufsichtigen und zu kontrollieren, der Rest ist Vertrauen.

» WIE KNECHTE DIE AUGEN AUF IHREN HERRN RICHTEN UND MÄGDE AUF EIN ZEICHEN IHRER HERRIN ACHTEN, SO BLICKEN WIR AUF DEN HERRN, UNSEREN GOTT, UND WARTEN AUF SEINE BARMHERZIGKEIT.

Psalm 123,2

MEIN VATER

Mit meinem Vater habe ich die Tiere gefüttert und ihm geholfen, sie mit einem Kescher zu fangen. Dann wurden sie in Pakete mit Löchern gepackt, wo ganz groß „Lebende Tiere" draufstand. Wir sind zum Bahnhof gefahren, von wo aus sie verschickt wurden. Auch sind wir oft über Land gefahren und haben bei Züchtern Fasane gekauft.

Das Büro meines Vaters war für uns Kinder eine Quelle der Entdeckungen. Tierzeitschriften stapelten sich zwischen Adresskarteikarten, Geschäftspost und ausgestopften Tieren. Mein Vater hatte immer ein Ohr für uns, das andere im Geschäft. Mittendrin saß mit einer stoischen Ruhe seine Sekretärin, die alles im Griff hatte. Am Flughafen Bremen kamen zum Beispiel Hunderte Flamingos, Schildkröten und Fasane an, die dann Zwischenstation bei uns machten, bis sie an Zoos und Privatleute weiterverkauft wurden.

Preislisten wurden angefertigt und verschickt. Danach klingelte das Telefon sehr oft und wir haben schon früh als Kinder die Bestellungen annehmen oder Telefonate mit der Bitte um Rückruf aufschreiben müssen. Die Freude über gelungene Geschäfte erlebten wir hautnah mit, aber auch den Kummer, wenn ein wertvolles Tier verendete.

Geläutert durch die viereinhalbjährige Kriegsgefangenschaft, die Flucht und durch die Dankbarkeit auf einem Fleckchen Erde wieder eine Familie gründen zu können, hatte besonders mein Vater eine Bärenruhe.

Selbst als ein Sturm alle Bäume und damit Zäune umschmiss und viele Tiere wegrannten, konnte ihn das nicht erschüttern. In allem konnte er immer etwas Positives sehen. In dieser Situation war er zum Beispiel Gott dankbar, dass die Polizei half, die teuren Hirsche von der Straße fernzuhalten.

Er machte für uns Kinder alles spannend, steckte voller Geschichten und gab uns immer einen Anreiz, selber unternehmerisch tätig zu werden. Er bot auch Ho-

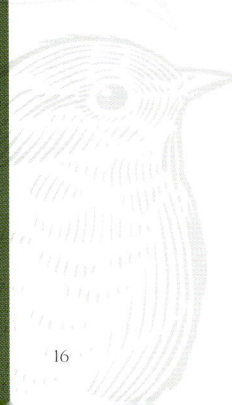

nig an. Davon schenkte er uns zum Beispiel einige Gläser, damit wir sie selbst verkaufen konnten.

Mit ihm war ständig was los. In alles hat er uns früh mit einbezogen und uns dafür begeistert. Auch hat er uns entlohnt, was natürlich wunderbar war, wenn uns einmal pro Woche der Verkaufswagen besuchte. So „schmeckt" das Geld „süßer", weil es erarbeitet worden ist, und man gibt es achtsamer aus. Milky Way war einer unserer Lieblingskäufe.

Wenn ich von der Schule kam, war eigentlich nach den Hausaufgaben immer irgendetwas zu tun. Dabei konnte ja auch das Taschengeld aufgebessert werden. Das war eine große Motivation. Aber auch das Tun und Schaffen an sich empfand ich schon früh als etwas sehr Befriedigendes. Den Eimer Bohnen zu schnippeln oder die Blaubeeren zu pflücken, erfüllte mich. Die Beschreibungen der Tiere notierte ich auf Karten und befestigte sie dann an den Tiergehegen. Im Anschluss beobachtete ich, wie Besucher diese interessiert studierten, das freute mich. Es war nie langweilig.

Kinder arbeiten gerne mit. Diese Freude gebe ich auch an unsere Praktikanten und an Kinder weiter, die uns besuchen. Ich

» *Mein Vater hatte immer ein Ohr für uns, das andere im Geschäft.*

finde es gut, wenn Kinder ihre Eltern arbeitend erleben. Kinder imitieren und wenn sie ihre Eltern nur im Urlaubsmodus erleben, fehlt das Vorbild und die Identifikation. Die Schülerpraktika sollten deshalb auch mal in den Firmen der eigenen Eltern stattfinden.

Mit 60 Jahren wurde mein Vater Pfarrer der Evangelischen Landeskirche Oldenburg, da war ich 16 Jahre alt. Ich begleitete ihn auch hier sehr viel bei seiner Arbeit, die nun völlig anders war.

SPIELKAMERADEN

Der Tierpark war ein Paradies für Kinder. Der größte Anziehungspunkt war ein großer Spielplatz, auf dem wir auf einem Karussell „unsere Gehirne rausgedreht" haben, auf der Wippe endlos gewippt, auf der kleinen Rutsche, die einem Elefanten nachgebildet war, herumgeklettert sind und auf der großen Rutsche stundenlang gerutscht sind. Das Schöne an dem Spielplatz war, dass man dort unkontrolliert von allen Erwachsenen spielen konnte. Wir wohnten zwei Kilometer vom nächsten Dorf entfernt, mitten im Nichts, fast wie heute in Lichtenhain. Verglichen damit steppt zumindest im Sommer hier inzwischen der Bär.

Die Mitarbeiterinnen meiner Mutter hatten Kinder in meinem Alter, mit denen ich quasi groß geworden bin. Sie haben sie einfach mitgebracht, da es oft noch keine Kindergärten gab. Mit einigen bin ich immer noch verbunden und wir erzählen uns Geschichten von damals.

Immer wieder sprechen wir davon, wie gerne wir zusammen gespielt, aber auch gearbeitet haben, dann mit dem Rad die sandigen Wege zum Einkaufsladen gefahren sind und uns mit einer Süßigkeit belohnt haben. Wir haben gemeinsam die Wege von den vielen Kastanienblättern befreit und geharkt, Enten und Ziegen gefüttert und viel mitgeholfen. Es war ein Paradies. Die Arbeit war keine Last, weil wir sie zusammen machten und wir auch noch Lob, Dank und Lohn bekamen. So mache ich das mit Ferienkindern in Lichtenhain auch und freue mich schon auf die Töchter von unserem polnischen Mitarbeiter Daniel, die endlich Englisch in der Schule lernen, sodass wir uns so verständigen können – denn Polnisch ist für mich unlernbar.

NEUANFANG

Der Mauerfall 1989 stellte unser Leben komplett auf den Kopf. Durch die Heirat mit meinem Mann Michael ging das ganze Thema mit der Arbeit wieder von vorne los. Wir sind aus unseren Angestelltenjobs heraus selbstständig geworden und in die Heimat meines Mannes, in die Uckermark, gezogen. Vier Kilometer vom Arnim'schen Stammschloss Boitzenburg entfernt liegt der Ort Lichtenhain. Das dortige Gutshaus konnten wir 1997 zurückerwerben, es gab auch nach der Wende keinen Anspruch mehr auf die ehemaligen Familienbesitze.

Die Suche nach einer Geschäftsidee kostete mich viele Anläufe. Auf dem Weg hinter unserem Haus lagen im Herbst Äpfel wie Sand am Meer. Daraus entstand die Idee mit der Mosterei und das hat schließlich alles ins Rollen gebracht.

Auch hier, als nun erwachsene Frau, habe ich den Enthusiasmus des Schaffens und die Freude des Erfolgs, sowie die Trauer über Misserfolge erlebt. Das erste Jahr habe ich nächtelang gearbeitet, um alles zu schaffen. Hunderte von Litern Apfelsaft sind mir umgekippt, weil die Abfüllung mit der viel zu kleinen Technik nicht gut zu handhaben war.

Die Kunden haben die Mosterei gut angenommen. Ein Traum ging in Erfüllung. Die weitere Entwicklung der vielen Produkte aus dem Apfel gaben mir und einigen Frauen, die bei mir angestellt waren, Arbeit und Sinn. Wir wurden ein richtiges „Kollektiv", wie man es zu Ostzeiten nannte.

Zuerst sind wir auf Märkte gefahren und haben dort verkauft. Dann kamen die ersten Messen dazu. Vom Teppich bis zur Beleuchtung war ich für einen Messeauftritt bestens ausgestattet. Alles passte in einen VW-Transporter, mit dem es dann nach Hamburg, Dortmund, München oder Leipzig ging. Der Aufbau an sich war schon elektrisierend, das Messegelände, die Arbeit um einen herum. Immer wieder fragte ich mich: Schaffe ich alles, ist es ansprechend genug, habe ich nichts vergessen?

Aber es war wundervoll – angefangen vom Produzieren und Verpacken bis schließlich zur zu schreibenden Rechnung, die das Konto füllte. Das alles geschah im Januar, Februar, wo sich in Lichtenhain sonst Hund und Katze Gute Nacht sagen und man dem Postauto als einzige Unterbrechung den ganzen Tag entgegenfiebert. Was habe ich es geliebt!

Während der Corona-Zeit entwickelte sich hauptsächlich der Online-Handel. Der kleine Laden in Lichtenhain und das Apfel-Café werden vor allem im Sommer gerne besucht.

» *Die Suche nach einer Geschäftsidee kostete mich viele Anläufe.*

WAS IST EIGENTLICH

Arbeit?

DAS WORT, DAS ÜBERALL AUFTAUCHT

*D*er Begriff Arbeit kommt aus dem Mittelhochdeutschen und bedeutet „Beschwernis, Leiden, Mühe".

Mit diesem Wort verknüpfen sich eine Fülle unterschiedlicher Tätigkeiten, die meistens in diese drei Bereiche fallen:

» Arbeit sind Tätigkeiten, mit denen Geld verdient wird.

» Unter Arbeit fallen auch Haus- und Care-Arbeit, auch wenn beides meistens unbezahlt ist.

» Und auch Prüfungen wie Klassenarbeiten bezeichnet man als Arbeit.

Arbeit ist entweder selbst gewählt oder verordnet und meist zweckgerichtet. Sie kostet Anstrengung, Zeit, Kraft, Mühe – oder alles zusammen.

Arbeit kann sehr unterschiedlich aussehen vom Mülleimer-Ausleeren bis hin zum Vorbereiten eines 5-Gänge-Menüs.

Man kann heutzutage arbeiten, was man möchte. Es gibt unzählige Möglichkeiten. Man kann überlegen, was einem Freude bereitet, und sich am Ende auf eine Arbeit konzentrieren, unter der man nicht leiden muss.

Es gibt unendlich viele Zitate zum Thema Arbeit, wie zum Beispiel: „Arbeit macht das Leben süß".

Pervertiert und zynisch steht der Satz „Arbeit macht frei" am Eingang der Konzentrationslager Dachau, Auschwitz, Sachsenhausen und Flossenbürg, eine die

» *Arbeit kostet Anstrengung, Zeit, Kraft und Mühe.*

Opfer verhöhnende pervertierte Parole zur Verschleierung der menschenverachtenden Behandlung in den Konzentrationslagern.

Wie sehr die Arbeit unser Leben prägt, sieht man auch den vielen Wortbildungen, die es in unserer Sprache gibt:

MITARBEIT

EIGENARBEIT

ARBEITSAGENTUR

ARBEITSMANGEL

ARBEITSABLAUF

VORARBEIT

ARBEITSKOSTEN

MASSARBEIT

ARBEITSBEREICH

ABBRUCHARBEIT

AKKORDARBEIT

ARBEITNEHMER

BILDUNGSARBEIT

ARBEITSUNFALL

ARBEITGEBER

ARBEITSSCHEU ODER ARBEITER

ARBEITSAM

ARBEITSZEIT

HAUSARBEIT

ARBEITSFÄHIG

SCHLUDERARBEIT

SCHWARZARBEIT

ARBEITSLOS

ARBEITSLOHN

TRAUERARBEIT

ARBEITSMARKT

ZWANGSARBEIT

ERNTEARBEIT

ARBEITSRHYTHMUS

DENKARBEIT

GARTENARBEIT

ARBEITSPLATZ

MISSIONSARBEIT

ARBEITSGESCHWINDIGKEIT

SCHNITZARBEIT

ARBEITERREVOLUTION

NEBENARBEIT

NACHTARBEIT

BÜROARBEIT

EINE KLEINE GESCHICHTE DER ARBEIT

Als die Menschen anfingen, Getreide anzubauen und Vieh zu halten, erfanden sie Hilfsmittel und Methoden, die ihre Arbeit erleichterten. Der Pflug half dabei, die Felder zu bestellen, Vorräte wurden angelegt. Rohstoffe, anfänglich Lehm und Holz, wurden genutzt.

Später wurde die Arbeit mehr und mehr aufgeteilt und der Handel begann. Einer hat Gefäße getöpfert, der andere Steine behauen. Waren wurden getauscht. Geld wurde erfunden – erst benutzte man Muscheln, Bernstein und Gewürze, später Gold und Silber.

Es kamen gesellschaftliche Hierarchien auf – Adel, Geistliche, Bauern, Sklaven.

Städte entstanden mit Gilden, Zusammenschlüssen von Handwerkern oder Kaufleuten. Regeln wurden erstellt und eigene Werkstätten für Handwerker errichtet, aus denen Manufakturen wurden.

Die industrielle Revolution brachte im 19. Jahrhundert umwälzende Veränderungen nach Deutschland. Gerade waren die Menschen noch Bauern und dann Fabrikarbeiter. Kohle, Wasser und Erz wurde in Energie umgewandelt. Eisenhütten entstanden. Neue Brücken wurden gebaut und die Eisenbahnen gegründet.

Durch das Eisenbahnnetz musste die Zeitmessung in den einzelnen Ländern einheitlich werden, dafür brauchte es Uhren. Die Firma Junghans hat sich hier durchgesetzt. Fabrikanten erkannten, dass Zeit Geld ist.

Es entstanden große Firmen wie WMF, Grohe, Pfaff, Lanz, Villeroy und Boch, Leitz, Weck Glaswerk oder Märklin.

Es war die Zeit der Maschinen und der Erfindungen und der Arbeiterbewegung. Denn die Arbeiter zahlten den Preis für den Fortschritt, sie arbeiteten zwölf Stunden und mehr am Tag unter zum Teil katastrophalen Bedingungen.

Je mehr Maschinen eingeführt wurden, desto weniger spezielle handwerkliche

Kenntnisse waren erforderlich. Die Arbeiter wurden austauschbar und die Abhängigkeit vom Arbeitgeber wurde größer. In den Fabriken erließen die Besitzer eine zweijährige Haftstrafe gegen Arbeiter, die sich zur Arbeitsverhinderung verabredeten.

1848/49 bildeten sich die ersten Gewerkschaften. Der Verband der deutschen Buchdrucker in Leipzig erreichte 1873 den Abschluss des ersten Flächen-Tarifvertrags.

1883 wurde die gesetzliche Krankenversicherung eingeführt, 1889 kam die Rentenversicherung. Außerdem wurde es verboten, dass Kinder unter 13 Jahren arbeiten.

Als Degussa (Deutsche Gold- und Silberscheideanstalt) in Frankfurt am Main 1884 in ihrem Unternehmen den Achtstundentag einführte, war sie damit international eine der ersten Firmen. In Großbritannien gab es den Achtstundentag erst 1889 für die Beckton Gas workers im Osten Londons.

Und heute? Es gibt Computer und Internet, Arbeit 4.0, Roboter und künstliche Intelligenz. Einige Berufe verschwinden,

» *Wie sieht wohl die Arbeit der Zukunft aus?*

viele andere sind nur noch mit teils speziellen Computerkenntnissen zu bewältigen. Mähdrescher gibt es mittlerweile ohne Fahrer und man braucht nur noch vier Arbeiter, um 2000 Hektar Land zu bestellen.

Ob es wohl in Zukunft im Apfel-Café einen Roboter zum Bedienen geben wird?

WIE DAS ANTIKE GRIECHENLAND UNSERE VORSTELLUNG VON ARBEIT PRÄGT

*I*m antiken Griechenland arbeitet „man" nicht. Dafür hatte man Sklaven. Lieber philosophierte man und schuf so nebenbei die Demokratie. Vieles von damals wirkt bis heute nach.

Arbeit hatte im antiken Griechenland kein Ansehen. Sich für Brot abzumühen, galt als unfein. Die Griechen dachten, einfache Arbeit verdürbe den Charakter und mit den Händen zu arbeiten wurde verachtet. Ein freier Bürger, der etwas auf sich hielt, hatte Sklaven und ging debattieren. Ein freier Mann sollte von seinen Einkünften leben, ohne arbeiten zu müssen. Frei von materiellen Sorgen und frei von der Vormundschaft durch andere sollte er das Leben gestalten und seinen Platz in der Bürgerschaft einnehmen.

Handwerker bekamen gesetzliche Maßnahmen auferlegt, weil ihre Arbeit angeblich zum Stubenhocken und zur Verweichlichung führte. Sie seien nur am Geldverdienen interessiert und nicht an der Landesverteidigung, warf man ihnen vor. Deshalb seien sie schlechte Bürger.

Das wirkt bis heute nach und scheint sich in unserem Land gerade wieder zu verstärken! Alles Unangenehme wird outgesourct. Der Computer ist das A und O. Startups werden gegründet und es werden Produktionsstätten gesucht. Oft werden wir angerufen mit der Bitte, für andere zum Beispiel Marmelade oder Kekse zu produzieren oder abzufüllen. Keiner will die eigentliche Arbeit machen.

Im 5. Jahrhundert wurde die Arbeit von der Kirche neu bewertet. Arbeit wurde als gerechte Strafe Gottes gesehen, die es anzunehmen galt. Der Mensch musste sein täglich Brot im Schweiße seines Angesichts verdienen.

Mit der Wiederentdeckung der Philosophen geriet vieles davon wieder in Vergessenheit. Der geistliche Stand der Priester erhob sich über den weltlichen Stand der Arbeiter und Handwerker und es gab wieder verschiedene Wertestufen der Arbeit. Schwere körperliche Arbeit galt als Strafe und eine Folge des Sündenfalls, während Kopfarbeit positiv angesehen wurde.

» DAS IDEAL IM ANTIKEN GRIECHENLAND WAREN RUHE UND MUSSE STATT KÖRPERLICHER ANSTRENGUNG.

EIN THEMA MIT VIELEN FACETTEN

Über Arbeit wird zu wenig nachgedacht. Auch in der christlichen Welt wird erst dann über Arbeit gesprochen, wenn etwas schlecht läuft. Solange es funktioniert, wird vieles als zu selbstverständlich betrachtet. Ganz nach einem Motto der Diakonissen „Mein Lohn ist, dass ich dienen darf ...".

Man kann immer auf mindestens zwei Seiten vom Pferd fallen, das gilt auch für das Thema Arbeit.

Die einen sehen Arbeit als ein notwendiges Übel an. Lotterien sind beliebt, man versucht, der Arbeit zu entkommen. Menschen freuen sich auf Vorruhestands-Möglichkeiten, um dann zu tun, was sie möchten. Einige streben danach, so wenig wie möglich zu arbeiten oder so wenig wie möglich bei größtmöglicher Bezahlung.

Manche Arbeitnehmer versuchen, so viele freie Tage herauszuschinden, wie es geht, und lassen sich auch gern montags, freitags oder zwischen den Brückentagen krankschreiben, um ein längeres Wochenende zu haben.

Andere haben die Arbeit zu einem Götzen erhoben. Arbeit ist für sie kein Mittel mehr, keine Beschäftigung oder Tätigkeit, sondern ihr Herr, Daseinsgrund und Götze.

In England hat man ohne Erfolg die Kampagne „Keep Sunday Special" ins Leben gerufen. Die ganze Woche über kann man einkaufen und es kommt keine Ruhe mehr ins Leben. Der Sonntag wird zum Wochentag. Der deutsche Slogan „Ohne Sonntage gibt es nur noch Werktage", der Ende der 1990er Jahre aktuell war, ging in die gleiche Richtung.

Die Bibel hat viel zum Thema Arbeit zu sagen. Alle, die sonntags Halleluja rufen, sollten das auch am Montag tun: „Gelobt sei Gott, es ist Montag!" Denn dies ist der Tag, an dem wir wieder arbeiten DÜRFEN, Menschen lieben und für Gottes Reich wirken können.

Dass Jesus ausgerechnet in einem Handwerkerhaushalt groß geworden ist, finde ich doch bemerkenswert und das kann jeden Handwerker nur bestärken. Ich kenne zum Beispiel keinen Gärtner, der einen Nervenzusammenbruch hatte. Paulus war Zeltmacher, David war Hirte. Adam, Kain und Noah waren Bauern. Petrus war Fischer, wie auch Andreas, Johannes und Jakobus. Isaak war Brunnenbauer.

Wir sind auf die Erde gesetzt worden,

> » *Wir sind auf die Erde gesetzt worden, um zu arbeiten. Aber nicht als Selbstzweck, sondern um in allem, auch in der Arbeit, Gott zu verherrlichen und anzubeten.*

um zu arbeiten – aber nicht als Selbstzweck, sondern um in allem, auch in der Arbeit, Gott zu verherrlichen und anzubeten.

Deshalb geht es nicht darum Missstände aufzuzeigen, sondern darum, gute Wege darzulegen, wie man es besser machen kann mit dem Thema Arbeit.

Die Last
DER ARBEIT

WENN ARBEIT ZUM FLUCH WIRD

Arbeit hat viele Gesichter und sie kann auch zu einer Belastung und zu einem regelrechten Fluch werden.

Überarbeitung

Besonders in der Phase der Unternehmensgründung hatten wir oft mit Überarbeitung zu kämpfen. Wenn man jung ist, steckt man vieles noch besser weg. Wenn man älter wird, ist man dankbar für die Kraft, den Tag zu bewältigen.

Wie oft haben wir einfach durchgearbeitet, ohne auf den Körper zu achten. Es machte ja auch Spaß! Ich erinnere mich noch, wie ich nächtelang das Rezept für die Apfel-Lebkuchen perfektioniert habe. Wie ich es dann den Mitarbeitern beibringen musste, die ganz andere Ansichten dazu hatten. Das war eine weitere Herausforderung: Ich war in einer Entwicklerleidenschaft gelandet.

Damals ging vieles noch schief. Einmal hatten wir einen riesigen Apfel-Lebkuchen-Auftrag. Alle Bleche waren mit schokolierten Apfel-Lebkuchen belegt. Am nächsten Morgen wollten wir sie einpacken und den Auftrag ausliefern, aber alles war grau geworden. Was war passiert? Wir dachten, die Lebkuchen seien nach dem Backen genügend ausgekühlt gewesen, aber das war nicht so. Deshalb wurde die Schokolade grau. Wir hatten sehr viel Arbeit umsonst gemacht. Das war schlimm.

Überarbeitung ist ein großes Gesundheitsrisiko. Dazu kommen weitere Umstände, die uns psychisch beeinträchtigen können, zum Beispiel Ärger mit den Kollegen oder mit den Vorgesetzten. Oder jemand macht sich Sorgen, weil Ersatzteile nicht lieferbar sind und er deshalb seine Aufträge nicht pünktlich ausliefern kann. Weil es in meiner Firma zu Coronazeiten einige Zutaten nicht gab, konnten Kunden nicht beliefert werden. Teilweise haben sie es nicht verstanden, das hat mich sehr unter Druck gesetzt. Aber auch physische Belastungen und Schlafmangel können der Grund für Überarbeitung sein. Im Japanischen gibt es das Wort „Karoshi". Es bedeutet ‚Tod durch Überarbeitung'.

Arbeit ohne Sinn

Zum Fluch wird Arbeit, wenn sie keinen Sinn enthält. Wenn beispielsweise ein Industriearbeiter tagein, tagaus an einer Maschine sitzt und immer dieselbe Bewegung macht. Auf die Frage, wofür er das macht, hat er keine Antwort. Das ist auf keinen Fall eine Arbeit mit Sinn.

In Wilhelmshaven war ich einmal zu einer Besichtigung der Olympiawerke. An einer Werkbank konnte ich beobachten, wie ein Arbeiter immer die gleiche Arbeit machte. Werkstück in eine Maschine legen, Hebel runterdrücken und das den ganzen Tag. Ich war entsetzt.

Jahre später habe ich mir eine Firma angeschaut, in der gebrauchte Maschinen aufgearbeitet wurden. Mit strahlenden Augen erzählten mir die Mitarbeiter, hier müsse immer etwas anderes gemacht werden. Gerade sei wieder eine andere Sorte Abfüller dran. So würde man schließlich nicht dumm.

Ausbeutung

Der Fluch der Arbeit wird auch dann sichtbar, wenn Arbeitgeber den Arbeitnehmer ausnutzen. Das haben nicht nur Gutsbesitzer getan, sondern auch Plantagenbesitzer, die Sklaven hatten, Fabrikbesitzer, Handwerker, Kaufleute, Bauern, Kommunisten, Kapitalisten, Sozialisten.

Durch die Industrialisierung wurden die Landarbeiter in die Fabriken gedrängt, erst wegen des besseren Lohns und noch mit einer Möglichkeit, ein eigenes Stück Land zu bewirtschaften. Dann kamen aber immer mehr Menschen und es wurde Wand an Wand gebaut. Keine Möglichkeit für ein Stück Land war mehr vorhanden. Slums entstanden. Es gibt Berichte von Slums in England, in denen Arbeiter dieselben Betten abwechselnd benutzten: Manche schliefen tagsüber darin, die nächsten nachts. Das war in den Berliner Arbeitervierteln, im Hamburger Gängeviertel und in den anderen deutschen Großstädten nicht viel anders.

Auch soll man nicht glauben, dass die sozialistische Planwirtschaft in ihren Anfängen Menschen geachtet hätte. Es gibt grauenhafte Berichte aus Russland von Arbeitern, die den ganzen Tag im Kalten arbeiten mussten oder in überhitzten lauten Hallen tätig waren. Alles für den Aufbau des Sozialismus.

Arbeit ohne Pause

Ein Fluch von Arbeit ist auch, täglich zu lange zu arbeiten oder keinen Sonntag zu haben.

Das war nicht nur zu Beginn der industriellen Revolution so, als die Maschine den Takt vorgegeben hat. Die Menschen mussten sich ihrem Rhythmus unterordnen, oft unter viel zu harten Bedingungen und bei überlangen Arbeitszeiten. Auch Kinder mussten schon in überhitzten Räumen, bei schlechter Luft und unter gefährlichen Bedingungen schuften.

Aber auch heute gibt es Arbeit ohne Pause. Ich habe Bilder von Menschen in China gesehen, die vor Übermüdung im Bus schlafen. Es gibt Menschen, die in mehreren Jobs arbeiten müssen, weil die Bezahlung so schlecht ist, dass ein Lohn nicht zum Leben reicht.

Schichtarbeit

Auch Schichtarbeit ist definitiv ein Fluch. Man ist ausgeschlossen von vielen gesellschaftlichen Möglichkeiten, kann nicht regelmäßig in einen Verein, zum Chor oder Ähnlichem gehen. Schichtarbeit betrifft die ganze Familie. Alle müssen ruhig sein, weil einer schlafen muss. Man lebt sozusagen als Familie nebeneinanderher. Sie ist auch gesundheitsschädigend, man schläft schlecht, hat keinen Appetit, das Herz-Kreislauf-System wird angegriffen und Menschen in Schichtarbeit bekommen erwiesenermaßen schneller Magengeschwüre und Schlaganfälle.

Auf der anderen Seite ist es ein unschätzbarer Segen, dass es Menschen gibt, die diese Arbeit tun und auch nachts zum Beispiel im Krankenhaus arbeiten und dazu imstande sind. Keine einzige Klinik, kein Altersheim, keine Polizei, Feuerwehr, Rettungswache, keine private Pflegekraft, keine Energieversorgung funktioniert ohne Schichtarbeit, weil Menschen auch nachts bedürftig sind.

ARBEITSLOSIGKEIT

„BETE UND ARBEITE,

SAGTE BENEDIKT VON NURSIA.

MACH AUCH DIE ARBEIT

ZUM GEBET, SAGTE LUTHER.

BETE UM ARBEIT, SAGTE

PFARRER N. ZUM ARBEITSLOSEN."

Kurt Marti

Als ich vor vielen Jahren in eine mir bis dahin fremde Stadt gezogen war, blieb ich durch verschiedene Umstände für einige Monate arbeitslos. Das war richtig schlimm. Keine Kollegen, kein regelmäßiger Tagesablauf, wenig Geld. Ich habe Bewerbungen geschrieben, aber nur Absagen bekommen. Zuerst denkt man: „Herrlich, so viel Zeit", aber dann kommt die große Unzufriedenheit und man kann sich der Minderwertigkeitsgefühle nicht erwehren. Man gehört nicht mehr dazu. Wie erklärt man seinem Umfeld die Situation? Je länger es dauert, desto mehr gerät man in einen Abwärtsstrudel. Bei einer Ablehnung war ich so wütend, dass ich den Personalchef um ein Gespräch gebeten habe. Ich wollte wissen, warum er mich abgelehnt hatte. Er stellte mich dann für einige Jahre ein.

Auch hier in der Uckermark habe ich sehr viel Arbeitslosigkeit erlebt. Besonders in den Anfangsjahren unseres Geschäfts habe ich versucht, etwas dagegen zu tun und Arbeit zu schaffen. Wie es Langzeitarbeitslosen geht, wage ich nicht zu beurteilen. Es muss furchtbar sein. Dazu die gesellschaftliche Ächtung, das niedrige

Einkommen. Es erschwert das Leben sehr, auch für Christen, die oft auch um Arbeitsplätze zu kämpfen haben.

So würde ich persönlich Hartz IV, heute Bürgergeld, natürlich als einen Segen bezeichnen, was zumindest die Grundversorgung angeht. Aber was durch Arbeitslosigkeit an Schaden entstanden ist, ist unbeschreiblich. Ich erlebe in der Uckermark Familien, die in der dritten Generation von Arbeitslosengeld bzw. Sozialhilfe leben. Trotz des Mangels an Arbeitskräften, den wir inzwischen haben, sind immer noch viel zu viele Menschen in der Untätigkeit gefangen. Inzwischen lässt es sich aber für viele auch sehr gut mit Bürgergeld und Schwarzarbeit leben. Das ist so. Hier braucht es eine neue Reform. Und viele, die hier in der Uckermark Arbeit haben, sind erbost, dass andere, die nicht arbeiten, mit Kindergeld, Wohngeld und Zuschlägen fast so viel bekommen wie sie.

Im 19. Jahrhundert waren es Maschinen, die das Leben der Menschen grundlegend verändert haben, heute sind es Computer und Roboter. Der Bedienroboter in der Gastronomie wird bald so selbstverständlich sein, wie jetzt der Rasenroboter.

Dann wird es wieder einen Arbeitsplatz weniger geben. Und die Qualifikationen, die für Arbeit gebraucht werden, werden immer spezieller werden.

Wenn ich heute Politiker wäre, würde ich versuchen, das unternehmerische Potenzial in Jugendlichen zu entfachen. Ich würde versuchen, Menschen, die von Bürgergeld betroffen sind, in Firmen zu integrieren, damit sie unter Leute kommen, Regelmäßigkeit erleben, Erfolgserlebnisse haben und natürlich eine finanzielle Verbesserung spüren. Ich würde viel mehr Berufspraktika anbieten und Gespräche mit Firmen in den Schulen organisieren, ganz früh schon. Ich würde den Eltern nahebringen, ihre Kinder einmal im Jahr mit zu ihrem Arbeitsplatz zu nehmen und sie mitarbeiten lassen.

ELTERN KÖNNEN VORBILDER SEIN

*W*enn ich andere frage: „Und was haben deine Eltern mal gemacht?", kommen als Reaktion manchmal ein leerer Blick und Bemerkungen wie: „Meine Eltern hatten ein Geschäft. Sie hatten ein Hotel. Ich bin in einer Gastwirtschaft groß geworden. Ich bin ein Pfarrerskind ..."

Den Befragten fehlte anscheinend genug Zeit mit den Eltern, weil diese eben immer gearbeitet haben. Arbeitsplatz und Rückzugsmöglichkeiten waren an demselben Ort, und dass die Eltern ständig für andere erreichbar waren, nervte.

Ich erinnere mich noch lebhaft an einen Ehekrach meiner Eltern, als es – mal wieder – beim Mittagessen klingelte. Einer der vielen Züchter, die es damals noch auf dem Land gab, stand vor der Tür und wollte meinem Vater Fasane verkaufen.

In Lichtenhain ist mir x-mal das Mittag angebrannt, weil Kunden fünf vor zwölf am Laden klingelten und alles aus dem Ruder lief. Das ist inzwischen besser organisiert.

Viele, die ich nach dem Beruf ihrer Eltern gefragt habe, wollten nie in eine Selbstständigkeit. Der ständige Stress, die Löhne zu zahlen und die Mitarbeiter zu halten, oder der ständige Wechsel zwischen zu vielen Aufträgen, die kaum zu schaffen sind, und zu wenigen, die für die Finanzierung der Ausgaben nicht ausreichen, schreckte sie ab.

Selbstständigkeit hat aber auch positive Seiten, denn die Eltern sind immer da. Eltern und Kinder profitieren. Kinder bekommen schon in frühen Jahren wertvolle Erfahrungen mit einem tollen Einblick in das Geschäftsleben.

Ein Patensohn von mir hat alles in Lichtenhain miterlebt und schon als kleiner Junge mit auf dem Markt verkauft. Später hat er stolz die Kasse bedient, abgetütet und gemostet. Viel später war er dann auch auf Messen dabei und hat beim Aufbau geholfen. Jetzt fliegt er für eine sehr erfolgreiche mittelständische Firma sogar in die USA und baut dort einen Markt in großem Stil auf. Was bin ich stolz auf ihn!

Oft erlebt man, dass Kinder von sehr erfolgreichen Menschen, Firmeninhabern oder Politikern nicht das Potenzial ihrer Eltern erreichen und sich aufgeben trotz all der Chancen, die sie hätten. Hier können Prediger gut motivieren. Berater können die gottgegebenen Potenziale eines jeden einzelnen Menschen herausarbeiten. Es geht darum, dass junge Menschen ihre Talente finden und Lust bekommen, diese in eine Sache, eine Arbeit zu investieren.

» WER DAS, WAS IHM ANVERTRAUT IST, GUT VERWENDET, DEM WIRD NOCH MEHR GEGEBEN, UND ER WIRD IM ÜBERFLUSS HABEN. WER ABER UNTREU IST, DEM WIRD NOCH DAS WENIGE, DAS ER BESITZT, GENOMMEN.

Matthäus 25,29

FAULHEIT

GEH HIN ZUR AMEISE, DU FAULER, – SIEH

IHRE WEGE AN UND WERDE WEISE.

Sprüche 6,6, (ELB)

Ameisen sind faszinierende Tiere. Sie sind so komplex gestaltet und unter dem Mikroskop kann man ihren beeindruckenden Körper deutlich erkennen. Ameisen sind in Staaten organisiert, sie bauen ihr Haus (Nest) selbst, sie helfen sich gegenseitig bei schweren Lasten, arbeiten in Familien, gründen weitere Staaten und werden sicherlich in der Bibel wegen ihrer Emsigkeit und ihrer kollektiven Intelligenz erwähnt. Beobachten Sie mal eine Ameisenstraße, die zur Futterquelle läuft, und die ausweichenden Ameisen, die auf dem Heimweg sind.

In der Bibel kann man einiges über Faulheit lesen. Die Sprüche mahnen immer wieder davor. Paulus findet im 2. Brief an die Thessalonicher deutliche Worte und schreibt dort: „Wenn jemand nicht arbei-ten will, soll er auch nicht essen" (2. Thess. 3,10). In der katholischen Theologie ist Faulheit sogar eine der sieben Todsünden – auch wenn danach in den Beichtstühlen nicht gefragt wird.

Es gibt eine humorvolle Geschichte von einem jungen Mann, der nicht arbeiten wollte. Einmal war er bei seinem Verwandten eingeladen. Er besuchte seinen Onkel um zehn Uhr morgens. Pünktlich um zwölf wurde das dampfende Essen auf den Tisch gestellt. Immer wieder schielte der junge Mann zum Essen, der Hunger wurde immer größer. Aber der Onkel saß seelenruhig bis vierzehn Uhr da und unterhielt sich mit ihm. Schließlich schickte er ihn mit leerem Magen weg und sagte: „Weißt du, wer nicht arbeiten will, soll auch nicht essen." Einige Zeit später kam

der junge Mann freudestrahlend wieder zum Onkel und berichtete von der Arbeit, die er nun hatte. Punkt zwölf gab es dann ein gutes Mittagessen.

Faulheit und Trägheit tun uns nicht gut und ziehen eine Menge weiterer Probleme nach sich. Deshalb sollte man Menschen, die keine Arbeit haben, dazu ermutigen, zumindest etwas zu tun, wie zum Beispiel jemanden zu besuchen, einen Garten anzulegen oder andere zu unterstützen. Von alleine wieder aktiv und tätig zu werden, ist sehr schwer. Doch der Weg lohnt sich: Ich habe viele Menschen erlebt, die sich sehr positiv verändert haben und glücklicher waren, als sie wieder in Lohn und Brot standen und einen regelmäßigen Tagesablauf und Kollegen hatten. Gehen Sie auf Arbeitslose zu!

Ablenkung

Manchmal geht einfach der Fokus verloren. Es wird so viel angeboten „da draußen" – im Internet, im Umfeld – überall finden Feste und Feiern und Aktivitäten statt, an denen man teilnehmen kann oder soll. Die Ablenkungen müssen weniger werden und der Fokus größer.

Auch das ist ein Problem, das es zu Paulus' Zeiten bereits gab. Er schreibt an die Thessalonicher: „Denn wir hören, dass einige unter euch einen unordentlichen Wandel führen, indem sie nicht arbeiten, sondern unnütze Dinge treiben" (2. Thess. 3,11; ELB).

Man kann auch rundherum mit unnützen oder überflüssigen Dingen beschäftigt sein, die einen daran hindern, tatsächlich zu arbeiten, oder sich um Dinge kümmern, die einen nichts angehen.

» *Faulheit versenkt in tiefen Schlaf, und eine lässige Seele muss hungern.*

SPRÜCHE 19,15 (ELB)

» *Ein fauler Mensch ist genauso schlecht wie ein zerstörerischer.*

SPRÜCHE 18,9

NEGATIVE EINSTELLUNGEN ÜBERWINDEN

Als Chefs könnten mein Mann und ich manchmal die Wände hochlaufen. Am schlimmsten sind ausgedehnte Zigarettenpausen oder Fahrten, die durch persönliche Einkäufe und Pausen in die Länge gezogen werden. Und dann erst das Handy! Es gibt Situationen, wo mit der einen Hand das Handy am Ohr ist, und mit der anderen gearbeitet wird. Auch mürrische Gesichter oder halbherzige Arbeit kosten Kraft, egal wie oft man das gesagt hat. Natürlich sind die Chefs immer an allem Schuld …

In solchen Momenten sieht man als Unternehmer die hart verdienten Euros durch den letzten erfolgreich erlangten Auftrag dahinplätschern und einem sind die Hände gebunden, weil es im Augenblick keine Alternativen an Mitarbeitern gibt.

Es ist die Zeit des großen Triumphes der Arbeitnehmer über ihre Arbeitgeber. Besonders schmerzhaft ist das, wenn Christen keine gute Arbeitseinstellung haben. So hatten wir zum Beispiel mal einen jungen Mann aus einer Gemeinde hier, der mehr mit dem Handy beschäftigt war als mit der Arbeit.

Für gläubige Mitarbeiter bete ich manchmal Folgendes[1]:

„Danke Vater, dass ... Respekt erlangt und eifrig bemüht ist zu arbeiten und erkennt, dass er nicht für uns, sondern für Dich, Gott, arbeitet.

Danke Vater, dass ... erkennt, dass seine Arbeit belohnt wird. .... tut alles ohne Murren, Nörgeln und Klagen. Er ist untadelig und arglos, ein Kind Gottes, ohne Tadel. Inmitten einer verkehrten und verdrehten Welt leuchtet er als Licht.

.... ehrt den Dich und seine Arbeit ist ein aufrichtiger Ausdruck seiner Hingabe an Dich. Was immer seine Aufgabe sein mag, er arbeitet von Herzen als etwas, dass er für Dich tut. Derjenige, dem ... tatsächlich dient, bist Du. AMEN."

Manchmal kann ich mit jungen Leuten über diese Themen sprechen und mit Bibelversen meine Einstellung und Gedanken untermauern. Das geht aber nur mit Christen, die die Bibel lesen, und ich muss natürlich ein Vorbild sein in meiner Arbeit. Es macht mir während der gemeinsamen Arbeit sehr viel Spaß, junge Menschen, wenn sie interessiert sind, ganz praktisch zu lehren.

---

[1] nach Germaine Copeland: „Prayers, that avail much", 2019 Harrison House Publishers

DER SEGEN
der Arbeit

DEN SEGEN DER ARBEIT ENTDECKEN

Die Begeisterung ist groß, wenn Kinder bei mir im Betrieb mithelfen dürfen. Sie backen, bekleben Gläser oder tüten Bonbons ein mit einer Ausdauer und Hingabe, dass man nur staunen kann. Meine Nichten haben in ihren Ferien Tage im Packraum verbracht und eingetütet, aufgeräumt, alles schön hingestellt, später im Laden bedient, den Laden eingeräumt und als sie älter wurden, mit viel Freude im Café bedient.

Meine Patensöhne haben in der Mosterei wirklich geschuftet, ließen es sich aber nicht nehmen, für die nächste Saison immer wiederzukommen. Und bei den Trinkgeldern für die Kinder ließen sich die Gäste der uns besuchenden Reisebusse auch nicht lumpen. Natürlich wurden sie von Anfang an bezahlt, aber das war nicht die Hauptsache. Oft, wenn ich sagte: „Jetzt ist aber Schluss mit Arbeiten, wir wollen einen Spaziergang machen", gab es Proteste. Kurz, die Arbeit machte den Kindern Spaß. Man sah am Ende, was man geschafft hatte, und stolz wurde berichtet, so und so viele Tüten seien fertig. Oft haben wir auch alle um den Tisch gesessen und Gläser beklebt. Eine einfache Aufgabe, bei der man sich aber gut unterhalten konnte, wenn man wollte.

Es tut gut, wenn man gebraucht wird. Der Chef kann nicht weiter, wenn nicht zugearbeitet wird. Ich kann nicht weiter, wenn mir die Mitarbeiter meines Mannes nicht helfen, die Scho-

koladenmaschine zu reparieren. Das Café kann im Mai nicht wieder geöffnet werden, wenn sie uns nicht helfen, die schweren Bänke wieder aufzustellen.

Besonders schön an der Arbeit sind die kleinen Belohnungen zwischendurch: die kleinen Pausen, ein Kaffee mit Kollegen, der Feierabend oder die heiß ersehnten Ferien. Ohne Arbeit gibt es auch keinen Urlaub.

Ein Segen der Arbeit ist – egal ob wir angestellt oder selbstständig sind – der Lohn oder Verdienst, der darauf folgt. Ich bin in einer Familie groß geworden, für die es in erster Linie um die Existenzgründung nach dem Krieg ging. Meine Eltern haben sehr viel gearbeitet und hatten wenig Zeit, sich zum Beispiel Gedanken über ihre Gefühle oder die Verarbeitung des Krieges zu machen. Damit hatte dann die nächste Generation zu tun. Mal sehen, welchen Vorwürfen wir von der folgenden Generation ausgesetzt sein werden. Einiges klingt schon an: „Nur arbeiten, das möchte ich nicht, ich will mehr Zeit für die Familie haben." Oder: „Euer Wohlstand ist auf dem ausbeuterischen System des Kapitalismus aufgebaut worden, ich steh für fairere Werte. Ich will nicht so viel arbeiten wie ihr!"

Eine Arbeit, die nur für den Broterwerb da ist, kann aber auch schon ausreichen, wenn nette Kollegen da sind, die Arbeit an sich Spaß macht und man von Zeit zu Zeit ein Lob vom Chef bekommt. So gibt es viele Menschen, die Veränderungen und Neues gar nicht lieben, sondern immer gerne im gewohnten Umfeld bleiben wollen, weil sie dort wissen, was zu tun ist.

Eine weitere Motivation zu arbeiten ist für Angestellte, Karriere machen zu können. Für den Selbstständigen sieht es anders aus. Aber auch da konkurriert man dann mit den Kollegen, schielt zu den anderen in der gleichen Branche, die mehr Mitarbeiter haben oder schneller in Gang gekommen sind. Es ist auf jeden Fall ein Segen, wenn man frühzeitig erkennt, welche Talente einem in die Wiege gelegt wurden. Ich habe einen Patensohn, der schon als ganz kleiner Junge nur mit dem Werkzeugkasten seines Vaters gespielt hat. In welche Richtung er beruflich gehen würde, war schon früh klar.

Dann habe ich Freunde, die es sich zur Lebensaufgabe gemacht haben, Wege zu finden, wie weniger Menschen auf der Welt Hunger leiden müssen. Sie dürfen auf diese Weise ihre Berufung ausleben. In diesem Zusammenhang stellt sich die Frage, was Erfolg eigentlich ist. Der sieht für jeden anders aus. Für viele hängt er ganz stark von der gesellschaftlichen Anerkennung ab. Er kann sich aber auch auf dem Konto zeigen.

GUTE GRÜNDE
ZU ARBEITEN

»„Gott sei Dank, es ist Montag.“

Für einen Christen gibt es gute Gründe, die Woche positiv zu beginnen. Ein Grund ist natürlich der, dass man Geld verdienen, für die Familie sorgen und etwas an Arme abgeben kann.

Man trifft auf Menschen, die man lieben und denen man dienen kann. Man kann ein „Licht" an seinem Arbeitsplatz sein, schon ganz früh am Montagmorgen, wenn man gut drauf ist.

Es gibt keine Diensthierarchie bei Gott. Ein guter Taxifahrer ist besser als ein schlechter Missionar, und als einziger Christ in einer Firma ist man an der Frontlinie. Missionare leben in christlicher Atmosphäre, in der Wirtschaft stehen Christen oft allein da. Mit Christen zusammenzuarbeiten, ist aber oft leider auch nicht der Himmel auf Erden.

Ein weiterer sehr befriedigender Grund, gerne zur Arbeit zu gehen, ist der, die Arbeit so zu tun, dass Gott dadurch verherrlicht wird. Treue, Fleiß, Ehrlichkeit und Ordentlichkeit, wenn nötig, auch mal länger bleiben – früher oder später fällt das auf. Vielleicht wird das auf der Arbeit nicht bemerkt, aber Gott segnet das. Bei Gott gibt es keine besseren oder schlechteren Berufe. Als Christ in einer Firma kann man genauso herausgefordert sein wie Missionare, die ein neues Missionsfeld erschließen. Nichts ist besser und beides ist geistlich zu betrachten.

Wertschätzung

Einmal war eine Nachtschwester bei uns in einer der Ferienwohnungen. Sie war während der Woche ihres Aufenthaltes immer wieder erstaunt über die Vielzahl der Ereignisse. Da kam ein Journalist, um für eine Zeitschrift einen Artikel zu schreiben. Viele Busgruppen besuchten uns während dieser Woche und freuten sich über meine Führung über den Hof. Gäste waren begeistert und wollten alle mit der Chefin sprechen.

Die Nachtschwester klagte, dass sie solche Wertschätzung ihrer Arbeit nicht erlebe. Wer weiß, wer letztlich mehr gesehen wird und was wirklich wichtig ist, vergängliche Anerkennung von Menschen oder bleibende Anerkennung von Gott?

An dieser Stelle kann jedoch auch jeder von uns etwas Positives beitragen. Ein Danke und ein paar freundliche oder anerkennende Worte für gute Arbeit, die andere leisten, kosten einen nichts und machen für den anderen einen großen Unterschied.

Gott hat uns zur Arbeit geschaffen, er beschreibt sich selbst als Arbeiter. Jesus sagt in Johannes 5,17 über ihn: „Mein Vater hat bis heute nicht aufgehört zu wirken." Wirken bedeutet nichts weniger als Arbeit. Ich folge nur seinem Beispiel.

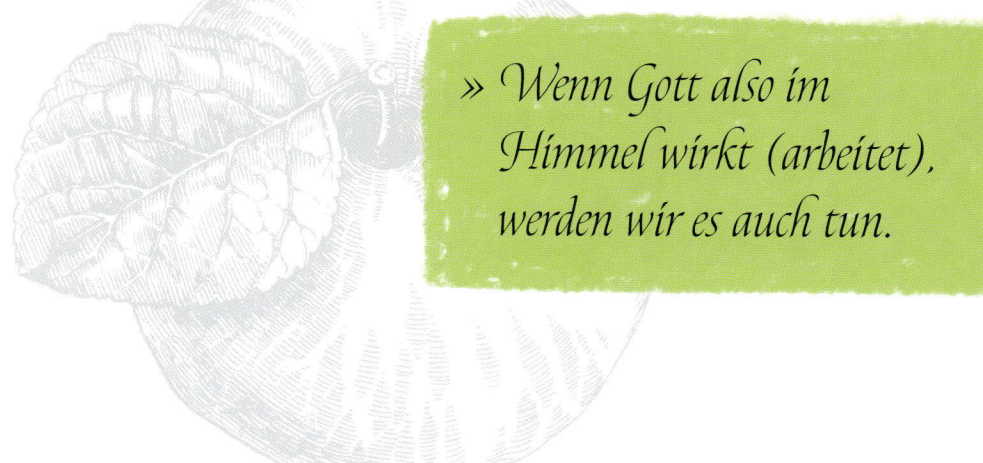

» *Wenn Gott also im Himmel wirkt (arbeitet), werden wir es auch tun.*

DER WERT DES HANDWERKS

BEMÜHT EUCH, EIN RUHIGES LEBEN ZU FÜHREN, KÜM-
MERT EUCH UM EURE EIGENEN ANGELEGENHEITEN UND
– WIE SCHON GESAGT – SEHT ZU, DASS IHR EUCH VON DER
ARBEIT EURER EIGENEN HÄNDE ERNÄHREN KÖNNT. DANN
WERDEN DIE MENSCHEN UM EUCH HERUM, DIE GOTT
NICHT KENNEN, EURE LEBENSWEISE ACHTEN, UND IHR
SEID NICHT VON ANDEREN ABHÄNGIG.

1. Thessalonicher 4,11-12

Gott ist ein Arbeiter, er hat uns mit seinen Händen geformt. Er hat uns nach seinem Ebenbild geschaffen. Wir haben Augen, er hat Augen. Wir haben Ohren, er hat Ohren. Und wir haben eben auch Hände. Gott wird auch als Arbeiter dargestellt. Sein Werk ist nicht sein Leben, aber die Schöpfung ist das Werk seiner Hände und seines Wortes.

Gott setzte den Menschen auf die Erde mit dem Auftrag, fruchtbar zu sein, sich zu vermehren und über die Tiere zu herrschen, die Gott geschaffen hatte (1. Mose 1,28). Man vermutet, dass Adam Gärtner war, dass die Arbeit gut und gesund für ihn war und

ihn erschöpfte. In der Kühle des Abends traf er sich mit Gott. Ein interessanter Gedanke, nicht wahr? Besprechen wir heute am Abend unser Tagwerk mit Gott oder geht es ab vor den Fernseher?

Gott hat uns zur Arbeit, zum Tätigsein geschaffen, er beschreibt sich selbst als Arbeiter. In Gottes Augen besitzt körperliche Arbeit Würde. Arbeit sollte Freude sein. Arbeit mit den Händen ist befriedigend und erfüllend.

Empört berichtete ein befreundeter Handwerker über seine Hausbesuche, wo er elektrische Leitungen reparieren musste: „Da kommt der Blaumann!" Als ob seine Arbeit nichts wert ist. Es braucht wieder mehr Ehre dem Handwerk gegenüber.

Als Adam der Versuchung durch die Schlange erlag, hatte das zur Folge, dass seine Arbeit verändert wurde. Sie wurde schwer und mühsam. Er musste von nun an den Boden bearbeiten. Aus dem Gärtner wurde ein Bauer. Er musste gegen Dornen und Disteln arbeiten und sie vom Land entfernen. Er bekam zum ersten Mal als Folge den Fluch zu spüren, den Arbeit in sich tragen kann (1. Mose 3,17-19).

Christen sind hier im Vorteil. Jesus ist am Kreuz für uns gestorben und hat uns von dem Fluch erlöst. Wer wir sind, ist nicht abhängig davon, was wir arbeiten oder wie viel wir arbeiten. Menschen, die Arbeit als Idol sehen („Nur Arbeit war sein Leben" hat man früher häufiger in Todesanzeigen oder gar auf Grabsteinen gelesen), brechen beim Renteneintritt schnell zusammen. Ihr Leben hat dann seinen Sinn verloren.

Wer wir sind, wird nicht von dem bestimmt, was wir arbeiten. Wir sind geliebte Kinder Gottes! Wir dürfen unsere Arbeit in Freiheit vor Gott tun.

Unsere sehr lange Scheune wurde mit einem Solardach belegt. Das war für uns wie ein Wunder. Eigentlich hätte sie abgerissen werden sollen, weil der Dachstuhl morsch war. Sanierung oder Abriss hätten Unsummen verschlungen. Mit zeitweise bis zu 16 Handwerkern wurde ein Solardach auf die Scheune gebracht. Die Arbeit so hoch oben bei Wind und Wetter und sengender Sonne war hart und teilweise gefährlich. Aber die Männer schienen zufrieden und waren so stolz auf das größte Bauprojekt, das sie seit Langem wieder in der Region umgesetzt hatten.

Abends kann man in den Städten oft beleuchtete Sportstudios sehen, in denen sich viele abstrampeln. Das machen viele Handwerker um diese Tageszeit sicher nicht mehr.

Ich liebe es, etwas mit den Händen zu machen, einen Hefeteig zuzubereiten und die Stücke zu formen, einen Tisch zu decken, eine Dekoration für das Café neu zu gestalten, Blumen zu stecken, zu kochen, Pakete für unsere Kunden zu packen, Präsente ansprechend zu gestalten, aber auch einfach nur zu fegen und den Hof ordentlich zu halten. Man sieht sofort, was man gearbeitet hat.

Die Bauern schuften auch heute noch im Schweiße ihres Angesichts trotz Klimaanlage in ihren Treckern und in den großen Maschinen. Manchmal bin ich auf dem Trecker mit dem Pflug hintendran mitgefahren. Das Herumnavigieren der großen Maschinen am Ackerrand kostete den Treckerfahrer viel Anstrengung – und das bei den überlangen Stunden während der Ernte und Bestellung der Felder.

Und was rinnt der Schweiß in der Apfelernte erst!

Im Schöpfungsbericht wird dem Handwerk eine große Bedeutung beigemessen. Das sollten wir auch tun.

KUNST UND HANDWERK

Diese Bibelverse trösten mich immer, wenn ich finde, etwas ist noch nicht schön genug. Und Arbeit mit den Händen braucht doppelte Weisheit. Das erlebt man, wenn schwierige technische Maschinen zusammengebaut oder repariert werden müssen. Es braucht zum einen die richtigen Gedanken, wo das Teil eingebaut werden muss, zum anderen braucht man geschickte Hände und letztlich Erfahrung und Weisheit. Um alles kann man auch beten!

Auch sinnreiche Arbeit kann erfunden werden, was für ein Vers! Manchmal denke ich – ok, die und die große Firma macht dicht, schlimm, aber wir haben doch Gott und können ihn bitten, dass wir neue sinnreiche Arbeit erfinden.

Ich habe es aufgegeben, die Teile für meine Apfelschälmaschine selbst zusammenzubauen, damit der Apfel gleichzeitig geschält, entkernt und geschnitten werden kann, alle sechs Sekunden. Da braucht es die Feinjustierung des Messers und die richtige Reihenfolge, in der die Maschinenteile nach der Reinigung wieder zusammenge-

> » *Alle Frauen, die gute Spinnerinnen waren, spannen violettes, purpur- und karmesinfarbenes Garn und feines Leinen und brachten es herbei.*
>
> 2. MOSE 35,25

setzt werden müssen. Ohne meinen Mann oder unsere Mitarbeiter wäre ich aufgeschmissen.

Sie sind auf eine andere Weise Künstler mit dem Kopf und ihren Händen und richtigen Werkzeugen.

» *Der Herr hat sie in besonderer Weise zu allen möglichen handwerklichen Arbeiten befähigt und auch zu Webe- und Stickereiarbeiten mit violettem, purpur- und karmesinfarbenem Garn und feinem Leinen. Sie können sie entwerfen und kunstvoll ausführen.*

2. MOSE 35,35

» DER GÜRTEL, MIT DEM DER SCHURZ ZUSAMMENGEHALTEN WIRD, SOLL AUS DEN GLEICHEN MATERIALIEN SEIN: GOLDFÄDEN, VIOLETTEM, PURPUR- UND KARMESINFARBENEM GARN UND FEINEM LEINEN. DER GÜRTEL UND DER SCHURZ SOLLEN AUS EINEM STÜCK GEWEBT SEIN.

2. Mose 28,8

KREATIVITÄT UND SCHÖNHEIT

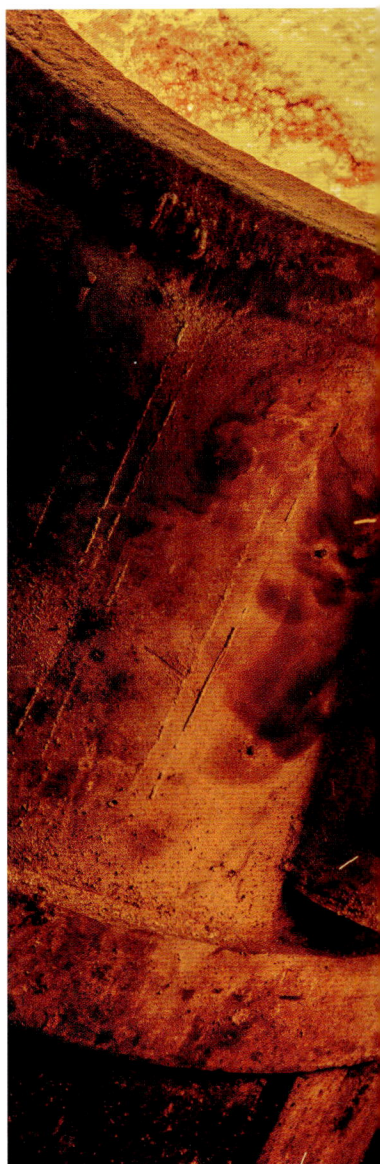

Die Kapitel sechs und sieben im ersten Buch der Könige handeln vom Bau des Tempels und des Palastes von König Salomo. Ganz genau wird beschrieben, wie lange er baute und wie groß alles exakt gebaut wurde. Der Tempelbau wurde schon von seinem Vater König David geplant und vorbereitet, aber König Salomo hat ihn umgesetzt.

Hätte ich Kinder gehabt, hätte ich ihnen dieses Kapitel immer wieder vorgelesen und sie dann alles malen lassen, um sie in ihrer eigenen Kreativität und Vorstellungskraft zu stärken. Es sind Kapitel über den Wert von Handarbeit.

Der König Hiram von Tyrus, ein Freund des Königs David, freute sich, mit Salomo am Bau des Tempels mitarbeiten zu dürfen und steuerte bestes Holz bei.

Dann gibt es noch einen Bronzegießer, ebenfalls namens Hiram. Welche Ehre, als Kunsthandwerker mit Namen in der Bibel genannt zu werden!

Hiram war ein erfahrener und geschickter Bronzeschmied. Sein Werk an den Säulen des Tempels vollendete er mit Lilien. Ach, das ist nicht notwendig, aber so schön!

Mir gefällt das ausgesprochen gut: „Und oben auf den Säulen war Lilienschmuck." Ich stelle mir vor, dass Gott damit gemeint hat, dass die Arbeit immer ein wenig besser gemacht werden soll als angeordnet.

» *Und oben auf den Säulen war Lilienschmuck. So wurde vollendet das Werk der Säulen.*

1. KÖNIGE 7,22 (LUT)

Schönes ist wichtig

Kreative Arbeit, Schönheit – Gott liebt Schönheit. Alles, was er geschaffen hat, ist schön. Gottes Kreativität – die sich in der Schöpfung vielfältig zeigt – ist einzigartig. Wenn Gott kreativ ist, so dürfen wir es auch in unserer Arbeit sein. Sie soll sogar schön sein. Den Tisch schön decken, schöne Produkte schaffen. Schönes tut der Seele gut, Schönes ist anziehend. Das merke ich immer, wenn die Gäste Anfang Mai wieder gerne den schön geschmückten Hof besuchen und die liebevoll dekorierten Blumenfenster betrachten und fotografieren. Die Arbeit dahinter sehen sie vielleicht nicht, aber die Schönheit, und die zieht an.

Früher dachte ich, Kreativität sei nichts wert, aber sie ist eine nicht jedem in gleichem Maße gegebene Gabe. Sie soll jedoch in jede Art von Arbeit mit einbezogen werden. Der Wissenschaftler nutzt sie, um ein Wissensgebiet zu erforschen. Der Unternehmer nutzt sie, um das Unternehmen effektiver zu führen.

Ich bitte Gott oft um kreative Gedanken, um zum Beispiel einen herausfordernden Tag zu bewältigen.

> » *Wenn Gott kreativ ist, so dürfen wir es auch in unserer Arbeit sein. Sie soll sogar schön sein.*

MITEINANDER ARBEITEN

SIE GÜRTET IHRE LENDEN MIT KRAFT UND MACHT IHRE
ARME STARK. SIE MERKT, DASS IHR ERWERB GUT IST.

Sprüche 31,17-18a (ELB)

Miteinander zu arbeiten ist immer gut. Seit ich ein Kind war, habe ich immer gerne mit anderen zusammengearbeitet. Man lernt handwerkliche Kniffe, aber auch andere und bewährte Vorgehensweisen voneinander und lernt sich außerdem als Persönlichkeit besser kennen.

Viel kann man von den Alten lernen. Einmal waren wir Äpfel sammeln und meine Nachbarin meinte nur kurz zu mir: „Beide Hände!" Ich sollte also den Korb abstellen und ihn mit beiden Händen füllen, das ist Learning by doing. Wenn Jüngere älteren Erfahrenen in einer Firma an die Seite gestellt werden, entsteht dadurch ein großer Segen.

Ja, heute lernt man sogar, wie man Hefeteig macht über YouTube statt von der Mutter oder Oma. Trotzdem bin ich der Meinung, dass es besser ist, etwas in einem normalen Arbeitsprozess beigebracht zu bekommen UND korrigiert zu werden, als sich nur ein Filmchen anzuschauen und etwa nachzuahmen.

Dass es heutzutage so viel mehr Wissen und Information gibt, sollte uns nicht abhalten, die Weisheit und die Erfahrung der Älteren zu erfragen und zu suchen. Nicht alles kann man googeln.

„Eisen schärft Eisen", heißt es in Sprüche 27,17. Das bedeutet auch, dass das gemeinsame Arbeiten ein Segen ist. Einmal habe ich einen großen Betrieb besichtigt, der lauter Delikatessen herstellte. Erstaunt bemerkte ich: „Die Küche ist aber klein, da kann keiner dem anderen entgehen". Das sei extra so konzipiert, wurde ich dann aufgeklärt, damit die Chefs den Lehrlingen permanent auf die Finger gucken können, sie in Bewegung halten und korrigieren.

Jungen Praktikanten, die manchmal rumstehen, bringe ich bei, wer ihr Ansprechpartner ist und dass Fragen wie „Was ist jetzt zu tun?" und „Was soll ich als Nächstes machen?" wichtige Fragen sind.

Gemeinsam Probleme lösen

Einmal war eine befreundete Familie hier, die gerne mal im Betrieb einen Tag mithilft. Laden auffüllen, aufräumen, abfüllen, Probleme gemeinsam lösen.

An diesem Tag hatten wir Probleme mit einer Maschine. Sie ging und ging nicht, der Teig war zu weich und zu fettig, und es klappte einfach nicht. Es war zum Mäuse melken! Wir haben vor der Arbeit gebetet und auch als wir zu sechst ratlos herumstanden. Der Vater der Familie mit x Schraubenschlüsseln in der Hand wusste auch nicht weiter, die Mutter, die dem Teig noch einen Mehlschub gab, auch nicht. Wir beteten noch einmal. Schließlich kam der alles entscheidende Hinweis, dass auch die zweite Rolle gekühlt sein muss. Da wäre ich alleine NIE drauf gekommen. Überglücklich bedankte ich mich und die Antwort war: „Wieso, das war doch schön, wir waren zusammen und haben es gemeinsam geschafft."

FLEISS

Manchmal höre ich den Satz: „Ich wünschte, ich hätte auch eine Firma." Das ist ein einsamer Weg! Da muss man lernen, sich selbst zu „führen". Das bedeutet, man muss mehr als der Durchschnitt lernen und wachsen wollen und nie damit aufhören.

Von Zeit zu Zeit darf ich Menschen begleiten, die diesen Traum haben und zum Beispiel eine besondere Marmelade verkaufen möchten. Eine der ersten Fragen ist immer: „Weißt du jemanden, der für mich die Früchte anbaut und verarbeitet?" Auch werde ich oft gefragt, ob ich nicht das jeweilige Produkt herstellen könne. Da war der junge Mann, der für das spezielle Leberwurstrezept sehr viel regional angebauten Thymian brauchte und fragte, ob ich jemanden kenne, der diesen für ihn produzieren könne.

> *Wo man arbeitet, da ist Gewinn*
>
> SPRÜCHE 14,23

Meine Antwort ist immer: „Mach es doch selbst, dann hast du die Kontrolle über alle Prozesse." Arbeite! Sitz nicht nur vorm Computer! Im Tun entwickelt sich so viel, denk beim Buddeln nach!

Nimm doch auch mal den Spaten selbst in die Hand! Bestell doch dein Feld selbst!

Das wollen aber viele heute nicht mehr. Ich denke, dass es nicht gut ist, alles nur vom Computer aus regeln zu wollen, auch wenn in vielen Berufen der Computer heute das wichtigste Arbeitsmittel ist. Man will nicht mehr im Schweiße seines Angesichts arbeiten und immer noch nach griechischem Vorbild die einfache Arbeit lieber anderen überlassen.

„Bloßes Gerede", heißt es in Sprüche 14,23, „führt nur zum Mangel." „Leeres Geschwätz bringt nur Nachteil", heißt es in der Übersetzung der Guten Nachricht.

» DIE PLÄNE DES
FLEISSIGEN FÜHREN
NUR ZUM GEWINN,
ABER JEDER, DER
HASTIG IST, ERREICHT
NUR MANGEL

Sprüche 21,5 (ELB)

ARBEIT UND

Glaube

LUTHERS
EINFLUSS

Viele Menschen verstehen unter „Le-
ben" das Wochenende und den
Urlaub, obwohl so viel Lebenszeit mit
Arbeit gefüllt ist. Wie bekommt man nun
LEBEN in die Arbeit?

Das geschieht, wenn man sich vorstellt,
dass Gott immer da ist. Er guckt bei allem
zu, was man macht, und nicht nur das, er
ist mittendrin in unserem Tun.

Für einen sehr großen Auftrag mussten
wir einmal stundenlang schokolieren. Ein
Onkel war gerade zu Besuch. Er war
schon im Rentenalter und hatte Zeit. Der
Onkel war einfach immer da, immer an-
sprechbar und immer zu kleinen Dienst-
fahrten bereit. Wenn ich vorschlug, zusammen eine Auslieferungstour zu
machen, wurde sofort alles gestiefelt und
gesattelt und fröhlich ging es zusammen
los.

Bei dem großen „Apfelstücke in Schokolade"-Auftrag nahm er sich einen Stuhl
und saß einfach nur schweigend bei uns
und schaute zu, stundenlang. Das war
schön. Wir redeten, schwiegen und arbeiteten.

So ist Gott! Er ist einfach immer da,
wenn wir sagen: „Hier ist noch ein Zim-
mer frei in meinem Lebenshaus. Wohn
doch bei mir, bitte!" oder „Komm doch
mit zum Ausliefern. Es ist doch viel schö-
ner, als alleine unterwegs zu sein. Und du
hilfst sicher, wenn ich mich verfahre. Ich

seinen Beruf in Verantwortung vor Gott ausübt, so ist das Gottesdienst.

Arbeit wird Gottesdienst. Viele beten und fragen Gott, welche Arbeit sie tun sollen. Wichtiger ist es aber, Gott zu fragen, wie ich meine Arbeit tun soll. Dieser Gedanke begleitet mich oft, wenn ich zum Beispiel ein Paket für eine Kundin packe. Da gibt es so viel zu beachten: Schneide ich das Paketband für den Versandkarton gerade ab, wickle ich die Gläser ordentlich und bruchsicher ein, lege ich noch liebevolle Extras bei, schicke ich einen kleinen Dankesgruß und klebe ich das Adressenetikett gerade drauf? Sehr viele Fragen, die ich mir immer wieder stelle, und ich freue mich jedes Mal über die vielen lieben Rückmeldungen auf unsere Sendungen.

bespreche gern meine Anliegen und Aufgaben mit dir, Gott, dann ist es schon mal durchdacht und noch bessere Ideen kommen mit deiner Hilfe."

Luther sagte, dass „heilige Tage nicht heilig, Werkeltage aber heilig sind". Er gab der täglichen Arbeit einen neuen Wert: Mit Arbeit kann man Gott dienen. Es kommt nur darauf an, wie wir sie machen und ob wir Gott in unser Tun einbeziehen, egal in welchem Beruf.

Luther war der Überzeugung, dass jede Arbeit vor Gott denselben Wert hat. Gott ist mehr daran interessiert, wie ich arbeite, als daran, was ich arbeite. Wenn man

» *Viele beten und fragen Gott, welche Arbeit sie tun sollen. Wichtiger ist es aber, Gott zu fragen, wie ich meine Arbeit tun soll.*

DAS FÜR UND WIDER DER PROTESTANTISCHEN ARBEITSMORAL

Nicht jeder ist zu einem geistlichen Beruf geboren. Luther hat die Arbeit in einem weltlichen Beruf der Arbeit in einem geistlichen Beruf gleichgestellt. Er kritisierte die Mönche, die sich als etwas Besseres betrachteten. Durch das Studium der Schriften von Paulus wurde ihm deutlich, dass jeder selbst vor Gott verantwortlich ist. Diese Einstellung war der direkte Gegensatz zu dem Denken der Mönche damals.

Das zu denken und umzusetzen, war nicht einfach, aber es hat viel Befreiung gebracht.

Der Protestantismus ist eng mit einer ausgeprägten Arbeitsmoral verknüpft. Luther sagte: „Von Arbeit stirbt kein Mensch, aber von Müßiggehen kommen die Leute um Leib und Leben, denn der Mensch ist zum Arbeiten geboren wie der Vogel zum Fliegen." Johannes Calvin trieb diesen Gedanken noch weiter. Er pflegte einen asketischen Lebensstil und predigte strenge Pflichterfüllung. Der Mensch sollte seine Auserwählung zur Erlösung durch sein Leben und Handeln beweisen. Im Erfolg der Arbeit zeigte sich laut Calvin der Segen Gottes.

Der Soziologe und Ökonom Max Weber kritisierte diesen Arbeitsethos später als den „Geist des Kapitalismus".

Nun ist es sicher gut und richtig, seine Arbeit und Pflichten mit Sorgfalt und Fleiß zu erledigen, aber die Arbeit bestimmt nicht unseren Wert. Wie immer kann man auch hier auf einer Seite vom Pferd fallen. Schließlich gibt es auch noch den Aspekt der Ruhe.

Wenn ich morgens an meinen persönlichen Schreibtisch gehe, überlege ich mir zuerst fünf Dinge, für die ich dankbar bin. Dann lade ich den Heiligen Geist in diese Stunde ein und widme mich als nächstes der täglichen Bibellese. Das sortiert schon viel Wirrwarr in meinem Kopf. Ich wende den Blick weg von mir hin zu Jesus: „Jesus hilf mir auch heute." Das Ganze mündet in Gebet, in dem ich bildlich gesprochen alles auf den Haufen schmeiße, abgebe und loslasse, was mich beschäftigt, und die Sorgen und den ganzen Tag vor Gott hinlege.

» *Jesus, hilf mir auch heute.*

DIE ARBEIT HAT NICHTS MIT UNSEREM WERT ZU TUN

ARBEIT BRINGT GEWINN, BLOSSES GEREDE

ABER FÜHRT IN DIE ARMUT!

Sprüche 14,23

Es gibt viele Bibelverse, die fleißige Arbeit beschreiben, und immer ist damit eine Belohnung verbunden.

Reichtum, Herrschen, kein Straucheln, genug bekommen, mit den Händen Gutes tun können, den Armen abgeben etc. Das sind Verheißungen, die Gott im Zusammenhang mit Arbeit gibt, wenn sie im Vertrauen auf ihn getan wird. Ich befehle Gott mein Werk an. Das ist so gut, weil ich nun überhaupt erst erkenne, was ich machen will und muss.

Die Arbeitsethik des Protestantismus hat in Deutschland, Großbritannien und den USA die Haltung geprägt, dass viel Arbeit zu viel Erfolg, Segen und viel Geld führt. Großbritannien konnte mit diesen Gedanken ein Weltreich bauen.

Aber so lobenswert eine gute Arbeitsmoral auch ist, sie kann ins Gegenteil kippen, nämlich wo die Arbeit zum Götzen wird und es nur noch darum geht.

Das habe ich selbst erfahren und es war besonders in der Generation meiner Eltern verbreitet, die nach dem Krieg alles neu erarbeiten musste. Ich bin mit vieler solcher Geschichten groß geworden.

Aber wenn Arbeit im Zentrum steht und nicht mehr Gott, ist das Ziel verfehlt. Wenn wir unseren Wert über die Arbeit „erarbeiten" wollen, statt zu wissen, dass

» *Wenn wir unseren Wert über die Arbeit „erarbeiten" wollen, statt zu wissen, dass wir Gottes Kinder sind, haben wir etwas falsch verstanden.*

wir Gottes Kinder sind, haben wir etwas falsch verstanden. Wenn wir uns auch nicht erlauben, Pausen zu machen, sondern nur rastlos arbeiten, dann stehen wir unter Zwängen, die uns zerstören und ehren so Gott sicherlich nicht.

BEFIEHL DEM HERRN DEINE WEGE

Aus eigener Kraft losstürmen, das machen wir alle. Aber es gibt auch einen anderen, viel besseren Weg:

„Wer sagt denn, dass die Gegenwart Gottes am Arbeitsplatz nicht sein kann?" (Matthias Schmöcker).

Wir dürfen Gott unsere Arbeit und unsere Pläne anbefehlen. „Anbefehlen" bedeutet neben ausdrücklichem Befehlen auch Anvertrauen, unter jemandes Schutz stellen.

Beides dürfen wir mit unserer Arbeit tun. Ich befehle meine Werke dem Herrn an und stelle alles unter seinen Schutz und seine Führung. Gleichzeitig muss ich mein Gehirn aktivieren und den von Gott gegebenen Verstand einsetzen, um einen Plan für den Tag zu machen, meinen Arbeitsplatz vorzubereiten und so weiter.

Ein Befehl ist etwas, was vorher gut durchdacht wurde, um dann Erfolg bei der Ausführung zu haben. Das Wort kommt aus dem Militär. Ich übergebe alles Gott, damit es gelingt.

Oft stelle ich mir vor, ein Klavier zu tragen. Eine Seite trage ich und auf der anderen Seite trägt der Heilige Geist. Ich bitte ihn: „Hilf mir, das Klavier zu tragen", und ich merke den Fluss bei der Arbeit, die Kraft und vor allem die Freude. Mit dem Heiligen Geist ist man nie ohne Hilfe.

Manchmal gewinnt man eine neue Perspektive, wenn man über seine eigene Beerdigungspredigt nachdenkt. Was sollen die Menschen, die zum Kaffeetrinken kommen, danach sagen? Welches Erbe will ich hinterlassen? Welches Vorbild möchte ich für die Menschen sein, zu denen ich Zugang habe? Was bleibt, wenn ich gegangen bin? Daran zu arbeiten, lohnt sich und ergibt Sinn.

» *Befiehl dem Herrn deine Wege und hoffe auf ihn, er wird's wohlmachen.*

SPRÜCHE 16,3 (LUT)

ARBEIT UND GEBET

UND ALLES, WAS IHR BITTET IM GEBET:

SO IHR GLAUBT, WERDET IHR'S EMPFANGEN.

Matthäus 21,22 (LUT)

» MEIN' AUGEN, HERZ UND HÄNDE,

O JESUS, GOTTES SOHN,

ZU DIR ICH NUNMEHR WENDE

ZUM SCHULD'GEN TAGESLOHN.

DENN DU BIST SELBST GETRETEN

AN MEINE WERKSTATT GUT,

HAST MIR HELFEN ARBEITEN,

REGIERT MEIN SINN UND MUT.

MEIN HAUPT HAST DU GESTÄRKET,

MEIN' FINGERN GEBEN KRAFT,

HAST DEINEN SEG'N VERMERKET,

DER ALLEIN FROMMEN SCHAFFT.

DAHER IST WOHL GERATEN

MEIN' ARBEIT UND MEIN' KUNST;

OHN' DICH GEHT NICHTS VONSTATTEN,

OHN' DICH IST ALL'S UMSUNST.

Michael Ziegenspeck, 1617

LASTEN TEILEN

Man kennt es heute gar nicht mehr: Wenn zwei Ochsen angespannt werden, bekommen sie einen Holm aufgelegt, der sie verbindet. Das ist das Joch. Oder wenn man zwei Eimer gleichzeitig tragen möchte, einen rechts, einen links, legt man sich einen Holzbalken auf die Schultern, der es ermöglicht, auf beiden Seiten einen Eimer aufzuhängen. Die Last ist dann auf beide Schultern verteilt.

Beziehe ich Jesus in meine Arbeit ein und lasse ihn machen, so wird vieles einfacher. Ich bitte ihn um seine Hilfe. So ist die Last wesentlich leichter. Er trägt nicht nur den einen Eimer, sondern macht sogar noch das Holz auf meiner Schulter leichter.

Ich habe Berichte gelesen, wo Menschen körperlich schwer arbeiten mussten, dies aber sogar schneller und besser schafften als andere, weil sie bei der Arbeit gesungen und gebetet haben.

Sklaven haben bei der Arbeit gesungen. Es ist bemerkenswert, dass über Jahrhunderte der Unterdrückung diese geknechteten Menschen nicht vom Glauben abgelassen haben.

Beten heißt auch, um Hilfe zu bitten und um Beistand, damit man die Arbeit nicht aus eigener Kraft tun muss. Das ist das Geheimnis des Segens bei der Arbeit.

Das bedeutet nicht, dass Jesus das Joch für uns trägt und uns alles abnimmt, aber er nimmt uns unter seine Herrschaft und in seinen Dienst. Und diese Herrschaft und dieser Dienst sind gut und nicht quälend oder überfordernd.

Wenn wir zum Beispiel die Fensterfront in unserer Gemeinde putzen wollen, so wäre das erstmal eine viel zu große Last für einen alleine, aber zusammen geht es einfach besser und schneller. Im übertragenen Sinn ist das so auch mit Jesus.

Wir müssen nicht alles alleine schaffen. Viele denken, sie schaffen ihre Arbeit aus eigener Kraft, aber Jesus sehnt sich danach, der Lastenträger zu sein.

BESSER EINE HAND VOLL RUHE ALS BEIDE FÄUSTE

VOLL MÜHE UND HASCHEN NACH WIND.

Prediger 4,6

RUHEPAUSEN

Es hat meinen Mann und mich Jahre gekostet, bis wir es schafften, am Sonntag wirklich nicht zu arbeiten. Die hilfreiche Struktur des Alltags gibt uns ein Gerüst für den Tagesablauf, der am Sonntag anders ist. Man frühstückt später, geht in den Gottesdienst und hat dann so viel freie Zeit. Wie ruht man sich denn bloß aus? Frische Luft ist da oft die viel bessere Wahl als der Fernseher.

In Hebräer 4,9-10 (LUT) heißt es: „Es ist also noch eine Ruhe vorhanden für das Volk Gottes. Denn wer in seine Ruhe eingegangen ist, der ruht auch von seinen Werken so wie Gott von den seinen."

Manfred Roth sagte dazu einmal: „Das ganze Volk Gottes soll in eine von Gott gegebene Ruhe eingehen, die darin besteht, dass man seinen Glauben voll und ganz auf das vollendete Werk Jesu Christi setzt, nicht auf eigene Werke."

Der Sonntag ist so eine segensreiche Erfindung, von Gott für uns gemacht.

Gott will, dass wir zur Besinnung kommen, uns auf das wirklich Wichtige konzentrieren, runterkommen von der Alltagsmühle, uns austauschen, uns von ihm korrigieren lassen und uns einfach erholen. So kann man wieder ganz anders in eine neue Woche starten.

Als das Apfel-Café neu war und ich entschieden hatte, am Sonntag nicht geöffnet zu haben, gab es entrüstete Kommentare. „Wie können Sie am Sonntag geschlossen haben, wo da doch der meiste Umsatz gemacht wird?" Die Mitarbeiterinnen aber dankten mir diese Entscheidung sehr.

Ende der 1990er Jahre versuchte eine Kampagne mit dem Slogan „Ohne Sonntage gibt es nur noch Werktage" auf den Segen eines Ruhetags aufmerksam zu machen. Auch heute gibt es noch erfolglose Bestrebungen von Christen, dass sonntags nicht gearbeitet wird und die Geschäfte geschlossen bleiben. Ich kenne einige Christen, die ihre Läden sonntags nicht öffnen, trotz verkaufsoffener Sonntage, und viele christliche Unternehmer arbeiten sonntags nicht.

Wir verlieren die Ruhe. Das ist nicht gut.

DER SONNTAG

Zur Zeit der Gesetzgebung in Form der Zehn Gebote war es revolutionär, an einem Tag in der Woche nicht zu arbeiten. Das Volk Israel zog in der Wüste umher. Sie waren Hirten, Landwirte usw. Nicht arbeiten hieß bei vielen: Nicht essen. Auch dass die Knechte frei hatten, war ein unglaublicher Gedanke! Daran mussten sie sich erst einmal gewöhnen …

Noch heute sind Landwirte sehr auf das Wetter angewiesen. Man stelle sich vor, ein Gewitter ist im Anzug und das Heu ist noch draußen. Auch geringfügig feuchtes Heu ist ungeeignet für den Vorrat, nasses gänzlich unbrauchbar. Oder endlich ist das Wetter gut und die Saat muss dringend in den Boden und für Montag wird zu 60% Regen angesagt.

„Erna, ich muss raus!" „Nee, Hans, das geht nicht, heut' is' Sonntag!" „Ach, lass' mich doch, du mit deinem Sonntag!"

Unrealistisch? Nein, alltäglich. Nur spielt sich der Dialog so ähnlich in unseren Gedanken ab und genau da stellt sich heraus, ob wir Gottes Wort vertrauen oder eben nicht. Der Landwirt wird oft genug auf diese Weise gefordert sein, der Stadtmensch muss dringend seine Steuererklärung machen, prüfen, was der Anwalt geschrieben hat, lauter Sachen, zu denen er während der Woche nicht kommt. Es ist herausfordernd, sich auf Gottes Wort und seine Zusagen zu verlassen.

In Psalm 127,2 steht, was allerdings nicht nur für Sonntage gilt: „Es ist umsonst, dass ihr früh aufsteht und hernach lange sitzet und esset euer Brot mit Sorgen; denn seinen Freunden gibt er es im Schlaf." Da steht der Durchschnittsbürger doch Kopf! Ja, natürlich steht er Kopf, weil er immer seinen Verstand zur letzten Instanz macht.

Sprüche 3,5-7 (LUT): „Verlass dich auf den HERRN von ganzem Herzen, und verlass dich nicht auf deinen Verstand, sondern gedenke an ihn in allen deinen Wegen, so wird er dich recht führen. Dünke dich nicht, weise zu sein, sondern fürchte den HERRN und weiche vom Bösen."

Es gibt einen lebendigen Gott. Im Psalm 34,9 werden wir dazu ermutigt: „Schmecket und sehet, wie freundlich der HERR ist. Wohl dem, der auf ihn traut!" Die ganze Bibel ist voll von Ermutigungen und Zusagen Gottes.

Aber nun noch einmal zurück zum Sabbat bzw. Sonntag. Wir leben ja nun nicht mehr in alttestamentlichen Zeiten, und es gibt genügend Berufe, in denen sonntags gearbeitet werden muss: Krankenschwester, Feuerwehrleute, Altenpfleger, Köche und viele mehr. Ganz klar müssen die arbeiten, aber ich bin sicher, dass es einen anderen freien Tag geben darf, an dem man sich einfach erholen kann und eben mal nichts arbeiten muss.

Die religiösen Pharisäer zur Zeit Jesu sahen das göttliche Gesetz als absolut bindend an – zu Recht. Aber sie verstanden den Sinn dahinter nicht. Jesus öffnete ihnen häufiger die Augen für den Grund des Sabbatgebots. So sagte er zum Beispiel: „Der Sabbat ist um des Menschen willen gemacht und nicht der Mensch um des Sabbats willen" (Markus 2,27), oder auch: „Denn der Menschensohn ist Herr über den Sabbat" (Matthäus 12,8).

» SECHS TAGE SOLLST DU ARBEITEN UND ALLE DEINE WERKE TUN. ABER AM SIEBENTEN TAGE IST DER SABBAT DES HERRN, DEINES GOTTES. DA SOLLST DU KEINE ARBEIT TUN, AUCH NICHT DEIN SOHN, DEINE TOCHTER, DEIN KNECHT, DEINE MAGD, DEIN VIEH, AUCH NICHT DEIN FREMDLING, DER IN DEINER STADT LEBT.

2. Mose 20,9-10 (LUT)

Und ja, natürlich muss der Landwirt sich um sein Vieh kümmern, auch am Sonntag. Die Kühe müssen gemolken, das Vieh gefüttert und getränkt, die Hühner aus dem Stall gelassen werden. Auch in der Hinsicht war Jesus Realist. Lesen Sie mal Lukas 13, die Verse 14 bis 17. Da steht Folgendes: „Da antwortete der Vorsteher der Synagoge, denn er war unwillig, dass Jesus am Sabbat heilte, und sprach zu dem Volk: Es sind sechs Tage, an denen man arbeiten soll; an denen kommt und lasst euch heilen, aber nicht am Sabbattag. Da antwortete ihm der Herr und sprach: Ihr Heuchler! Bindet nicht jeder von euch am Sabbat seinen Ochsen oder Esel von der Krippe los und führt ihn zur Tränke?"

Was sogar für das Tier gilt, gilt auch für das einzelne Menschenleben. Es steht über dem Sabbat. Einen Bedürftigen hungern zu lassen, oder ihm die Hilfe zu verweigern, nur weil es bedeuten würde, arbeiten zu müssen, käme für Gott niemals infrage!

Es geht Gott nicht um die pharisäerhafte Erfüllung der Gebote, es geht ihm darum, dass es uns gut geht und dass wir, eben weil wir seine Gebote als Richtlinien für unser Leben nehmen, prosperieren, also uns gut entwickeln. Die Gebote sollen uns in jeder Hinsicht helfen, Segen zu empfangen, ein Segen zu sein und gerne zu leben.

» *Der Sabbat ist um des Menschen willen gemacht und nicht der Mensch um des Sabbats willen.*

MARKUS 2,27 (LUT)

JESUS ARBEITET

Gott arbeitet auch heute noch, er hat nie aufgehört zu wirken. Er hat die Erde geschaffen – und er ist immer derselbe. In Johannes 5,17 (ELB) sagt Jesus: „Mein Vater wirkt bis jetzt und ich wirke."

Die Amplified Bible übersetzt das so: „Mein Vater hat sogar bis jetzt gearbeitet, er hat nie aufgehört zu arbeiten, er arbeitet immer noch und ich muss auch göttliche Arbeit tun."

Gott wirkt und arbeitete im Alten und im Neuen Testament. Er wirkte durch Jesus und auch durch Ackerbauern, Ährenleser, Ammen, Ärzte, sehr viele Aufseher, Ausbesserer, Bäcker, Balsamierer, Bankiers, Beamte, Baumeister, Berater, Bestatter, viele Boten, Brunnenbauer, Chorleiter, Dichter, Diener, Erfinder, Erzieher, Evangelisten, Färber, Fischer, Fleischer, Förster, Garderobenmeister, Gastwirte, Haarschneider, Händler, Handwerker, Herdenbesitzer, Hirten, Holzfäller, Imker, Jäger, sehr viele Knechte, Köche, sehr viele Könige und Krieger, Kundschafter, Kunstarbeiter, Läufer, Lehrer, Mägde, Musiker für verschiedene Instrumente, sehr viele Prediger und Priester, Propheten, Prostituierte, Reiter (genau bezeichnet auf Esel, Kamel oder Pferd), Salbenmischer, Sänger, Schafscherer, Schatzmeister, Schiffsbauer, Schleuderer, Schmiede, Schneider, Schnitter, Schriftgelehrte, Schützen, Seeleute, Soldaten, Steuermänner, Straßenbauer, viele Torhüter mit Namen genannt (so 172 zur Zeit Nehemias), Verkäufer, Verwalter, Volkszähler, Vorsteher, Wächter, Waffenträger, Wagenlenker auf Tausenden von Wagen, Weinbauern, Zauberer, Zimmermänner, Zöllner, Apostel und heute wirkt er durch uns.

In den Psalmen erleben wir, wie David die Arbeit Gottes immer wieder besingt, zum Beispiel in Psalm 66,3: „Wie wunderbar sind deine Werke!"

Was Gott getan hat, erklärt, wie er ist. Genauso ist das mit uns: Taten sprechen lauter als Worte.

So wie Gott als Arbeiter dargestellt wird, wird es auch Jesus. Beide arbeiten. Jesus war sich immer Gottes Gegenwart bewusst und er hat sich immer Gottes Kraft bewusst gemacht! Wenn wir das tun und uns ein Beispiel an ihm nehmen, gelingt die Arbeit besser.

In Nazareth, seinem Heimatort, haben die Menschen Jesus nur als Zimmermann wahrgenommen, denn in diesem Beruf hat er gearbeitet, bis er 30 Jahre alt war. Es dauert eben oft, bis man in seine „Berufung" kommt. Vorbereitende Jahre sind extrem wichtig! Und nichts ist umsonst – was für ein tröstender Gedanke.

Machen wir einfach treu und so gut es geht weiter und seien wir uns bewusst,

» Mach das gut, was dir vor den Füßen liegt.

„dass Gott, der sein gutes Werk in euch angefangen hat, damit weitermachen und es vollenden wird bis zu dem Tag, an dem Christus Jesus wiederkommt" (Philipper 1,6).

Jesus hat eine Liebesarbeit geleistet. So viele Menschen beten: „Lass mich Jesus ähnlicher werden." Und oft ist das ganz profan: Mach das gut, was dir vor den Füßen liegt – angefangen beim Bettenmachen oder Schuheputzen oder Zuhören.

Jesus war damit beschäftigt, gute Taten zu vollbringen, um Gott zu offenbaren. In Johannes 10,32 (ELB) sagt er: „Viele gute Werke habe ich euch von meinem Vater gezeigt." Daran sollen wir uns ein Vorbild nehmen, wir sollen zu Gott schauen und das tun, was er sagt. So wie Jesus auch nicht aus sich selbst heraus gearbeitet hat, sondern nur das tat, was Gott ihm gesagt und aufgetragen hat.

Für uns ist das der Schlüssel: Gott zu vertrauen ist die Antwort.

Alles, was Jesus jetzt tut, hängt mit dem zusammen, was er am Kreuz getan hat. Jetzt ist er unser Anwalt und verteidigt uns im Himmel vor dem Teufel, der uns Gläubige ständig anklagt. Jesus ist absolut FÜR uns.

Wir können extrem froh sein, dass Jesus auch heute immer noch arbeitet. Er sitzt neben Gott und bittet permanent für uns. Was für eine Vorstellung!

ALS CHRIST IM ALLTAG

Einmal im Jahr besucht uns Bernd Schlawer mit seinem Transporter voller christlicher Bücher und Kalender, die er an vielen Stellen in der Uckermark verteilt. Herr Schlawer steht seit Jahren auch auf dem Wochenmarkt in Celle, wo er wohnt. Viele gehen vorbei, aber ich weiß, dass die Ernte seiner Arbeit kommen wird, heißt es doch, dass einer sät, der andere erntet. Auch im Hofladen in Lichtenhain werden die christlichen Kalender und Schriften oft an die Mostkunden weitergegeben. Sie werden von vielen schon erwartet und gern angenommen. Manchmal erzählt man jahrelang jemandem vom eigenen Glauben, und es stößt auf taube Ohren. Dann kommt ein anderer, der dasselbe erzählt, und der Hörer ist offen und findet seinen Weg zu Gott. Säen, auch wenn man nichts sieht, ist genauso wertvoll wie ernten!

Das ist Arbeit für Gott, dafür hat er uns geschaffen, dass wir von ihm erzählen. Ich kenne einen Selbstständigen, der alles ohne Murren stehen und liegen lässt, seine eigenen Belange nach hinten stellt, wenn es darum geht, in der Gemeinde mitzuhelfen, wenn bauliche Arbeiten nötig sind oder Fahrdienste gebraucht werden. Egal was, die Arbeit für Gott hat für ihn Vorrang vor seinen eigenen Interessen und seiner eigenen Firma.

Bei der Arbeit für Gott ist jeder täglich an seinem speziellen Platz gefragt. Besuche, Briefe, Mithilfe in der Gemeinde und vieles mehr bieten die Gelegenheit, den eigenen Glauben zu teilen. Ich denke an einen alten Mann, der Berichte über seine gläubige Familie verfasst, kopiert und in der Nachbarschaft an alle verteilt hat, die die große Familie kannten. Und oft war dieser Rundbrief ein Aufhänger für ein gutes, zu Jesus hinführendes Gespräch. Als Christ ist man nie arbeitslos. Alten Menschen, die nicht mehr arbeiten können, sage ich immer: „Betet, wir brauchen das!" Und wer denkt, Beten sei keine Arbeit, der hat noch nie gebetet.

» UND ZUM MANN SPRACH ER: WEIL DU GEHORCHT HAST DER STIMME DEINER FRAU UND GEGESSEN VON DEM BAUM, VON DEM ICH DIR GEBOT UND SPRACH: DU SOLLST NICHT DAVON ESSEN –, VERFLUCHT SEI DER ACKER UM DEINETWILLEN! MIT MÜHSAL SOLLST DU DICH VON IHM NÄHREN DEIN LEBEN LANG. DORNEN UND DISTELN SOLL ER DIR TRAGEN, UND DU SOLLST DAS KRAUT AUF DEM FELDE ESSEN. IM SCHWEISSE DEINES ANGESICHTS SOLLST DU DEIN BROT ESSEN, BIS DU WIEDER ZU ERDE WIRST, DAVON DU GENOMMEN BIST. DENN STAUB BIST DU UND ZUM STAUB KEHRST DU ZURÜCK.

1. Mose 3,17-19 (LUT)

BERUFSWAHL

Raymond Graf von Folier

Die Berufswahl ist ein wichtiges Thema. Manchmal ist es von vornherein klar, was man werden will, manchmal überhaupt nicht. Es ist ja nicht so, dass man als fleißiger Mensch einfach irgendwo und irgendwie darauf losarbeitet.

Ich habe ganz bewusst zuerst die Qualität des Ackerlandes zitiert, denn mir will nicht in den Kopf, warum Kain ausgerechnet ein Ackermann wurde, wo er doch wusste, dass Gott den Acker verflucht hatte und er daher im Schweiße seines Angesichts sein Brot würde essen müssen. War es eine Frage des Erbrechtes, dass er als Ältester gehalten war, den väterlichen Betrieb zu übernehmen? Ein solches Erbrecht dürfte es damals noch nicht gegeben haben.

Ein weiterer Punkt, der mich beschäftigt, ist der: Konnte Kain erwarten, dass Gott sich über ein Opfer vom verfluchten Acker freuen würde? Eher nicht, oder?

Was ist denn nun mit Abel? Er musste sicherlich einiges tun, um zuerst einmal überhaupt Schafe zu haben, sie also erst einmal fangen und dann domestizieren. Es wird auch bei der Zucht Höhen und Tiefen gegeben haben, durch schlechte Schafböcke etwa, oder Krankheiten, aber auf die Dauer wurde sein Leben vermutlich beschaulicher. Er hatte vielleicht mehr Zeit nachzudenken. Ich will damit nicht sagen, dass Schäfer ihre Zeit nur mit Nachdenken verbringen, aber die Natur um uns herum regt doch an, auch einmal zu überlegen, wo das alles herkommt, was man so sieht. Wieso greift ein Rädchen in das andere? Warum lebe ich? Habe ich eine besondere Aufgabe? Ist das Natürliche natürlich? Ist es Zufall?

Es ist wichtig, gelegentlich ruhig zu werden und nachzudenken. Dazu braucht man nicht erst Rentner zu sein. In Prediger 12,1 lesen wir: „Denk an deinen Schöpfer in deiner Jugend, ehe die bösen Tage kommen und die Jahre nahen, da du wirst sagen: ‚Sie gefallen mir nicht'."

Der spätere König David war als Jugendlicher damit betraut, die Schafe seines Vaters zu hüten. Er war der Jüngste, er war klein und gebräunt, während seine Brüder groß waren. Sein Vater Isai hielt es nicht einmal für nötig, ihn zu holen, als Samuel, der Prophet, in Gottes Auftrag kam und ihn aufforderte, alle seine Söhne zu versammeln. Abgelehnt zu werden bedeutet nicht, dass wir nichts können, sondern dass manche Menschen meinen, sie wären besser, erfolgreicher, klüger oder was auch immer als wir und könnten deshalb auf uns herabsehen. Wir aber haben die feste Zusage Gottes, dass jeder Mensch wertvoll und von ihm geliebt ist.

David hat seine Aufgabe vorbildlich erfüllt, Löwen und Bären verjagt oder getötet und sich Gedanken darüber gemacht, dass gar nichts selbstverständlich ist, sondern dass es etwas Übernatürliches geben muss. Sein Zugang zu diesem Übernatürlichen war Dankbarkeit. Er war ein Beter, spielte Harfe und dichtete Loblieder auf Gott. Es entstand ein festes Vertrauen auf Gottes Hilfe und eine innere Beziehung mit Gott. David hat Höhen und Tiefen in seinem Leben erlebt, aber immer wieder hat er an Gott festgehalten und Gott hat ihm weitergeholfen.

Man tut gut daran, schon bei der Berufswahl auf die innere Stimme zu hören und im Verlauf des Berufslebens dann immer wieder.

Ich denke nicht, dass es falsch war, dass Kain Ackermann wurde. Und wenn man das Angedachte zu Ende denkt, bedeutete dies dann, dass Gott Kain nicht segnete, weil er leider den falschen Beruf ergriffen hatte – also Strafe, Pech gehabt? Und Abel, der hat alles richtig gemacht, also ist das Gottes Schatz?

Kain hätte auf seinem Acker und mit Saat und Ernte ebenso viel Gelegenheit gehabt, über Gottes Tun nachzudenken, der einfach etwas wachsen lässt. Ich glaube eher, Kain und Abel stehen für die beiden Wege, die der Mensch wählen kann. Auf sich zu sehen oder auf Gott zu sehen – darin liegt das Geheimnis unserer Wege und Entschlüsse.

» UND ABEL WURDE EIN SCHÄFER, KAIN ABER WURDE EIN ACKER-MANN. ES BEGAB SICH ABER NACH ETLICHER ZEIT, DASS KAIN DEM HERRN OPFER BRACHTE VON DEN FRÜCHTEN DES FELDES. UND AUCH ABEL BRACHTE VON DEN ERSTLINGEN SEINER HERDE UND VON IHREM FETT. UND DER HERR SAH GNÄDIG AN ABEL UND SEIN OPFER, ABER KAIN UND SEIN OP-FER SAH ER NICHT GNÄDIG AN.

1. MOSE 4,2-5 (LUT)

EIN DIENST FÜR DEN HERRN

Menschen, die in der Bibel mit Namen genannt werden, werden dadurch herausgehoben. Paulus nennt hier drei Frauen, die Außerordentliches geleistet haben: Tryphäna, Tryphosa und Persis. Was mag das aber bedeuten, „im Herrn arbeiten"?

Wie eine Arbeit geleistet wird, wird in den meisten Fällen bemerkt. Der, der sie gut macht, wird im Normalfall wieder damit betraut werden und daraus ergibt sich oft noch mehr. So geht es mir jedenfalls mit guten Mitarbeiterinnen, denen ich schnell mehr Verantwortung übertrage.

Aber was ist nun „im Herrn arbeiten"?

„Jeder Christ ist ein Missionar", hat Reinhard Bonnke einmal gesagt.

Es ist das Bemühen, Menschen für Gott zu erreichen. Das brennt hoffentlich jedem Christen unter den Nägeln: Menschen für Jesus und damit für den Himmel zu gewinnen. Die Bibel sagt im Römerbrief: „Wenn du mit deinem Mund bekennst, dass Jesus der Herr ist, und wenn du in deinem Herzen glaubst, dass Gott ihn von den Toten auferweckt hat, wirst du gerettet werden", Römer 10,9.

Diese Entscheidung habe ich selbst in Tübingen einmal ganz bewusst getroffen. Und nun stelle ich mir immer vor – was ja

GRÜSSET TRYPHÄNA

UND TRYPHOSA,

DIE IM HERRN ARBEITEN;

GRÜSSET PERSIS, DIE

GELIEBTE, DIE VIEL

GEARBEITET HAT IM HERRN.

Römer 16,12 (ELB)

auch so ist –, dass eine unsichtbare Person namens Jesus Christus neben mir sitzt, geht oder steht. Und er wünscht sich nichts sehnlicher, als dass ich mich zu ihm wende und um seine Hilfe, seinen Rat, seine Leitung und Schutz bitte. Deshalb ist er gestorben, um diese enge Gemeinschaft mit mir zu haben. Menschen, die Jesus noch nicht kennen, mit ihm in Verbindung zu bringen, steht bei allem „Werk für den Herrn" an erster Stelle.

Jesus in meinen Alltag einzubeziehen, ist eine sehr kreative Aufgabe. Es gibt im Laufe eines Tages so viele Gelegenheiten. Das kann die Tasse Kaffee für jemand anderen sein, das kann ein Lächeln früh am Montag sein, das kann ein aufmunterndes Wort sein. Es durchdringt mein Leben.

Unsere Arbeit an sich ist Dienst für den Herrn. Es ist zum Beispiel auch das Betreiben eines Büchertischs, Fließbandarbeit, Seelsorge, Brötchen backen, persönliche Gespräche, Kinder erziehen, Lkw fahren, jemandem Zeit schenken und vieles mehr. Das kann alles im Herrn geschehen.

Es kann aber auch ein Sich-zu-Jesus-Hinwenden sein. Einmal stand ich in Boitzenburg vor verschlossener Tür bei der Krankengymnastik und wartete. Eine Bekannte kam vorbei, fotografierend hier und da für ihren Facebook-Account, ich aber stand nur da und betete einfach für diesen wunderschönen Ort. Auch das ist ein Dienst für den Herrn.

ZU ALT?

Vor vielen Jahren besuchte ich eine alte Tante im Altersheim. Sie war verzweifelt und sagte nur: „Ich will was tun! Gebt mir was zu tun!" Instinktiv wusste sie, dass Arbeit ihr guttun würde.

Als ich sie da so verzweifelt sitzen sah, dachte ich nur: „Die Arme, wäre sie in meiner Nähe, ich hätte immer etwas für sie und sei es Vorlesen oder einfach nur bei mir sein!"

Wie gerne hätte ich einen alten Menschen in meiner Nähe, der etwas Ruhe in alles hineinbringt und nur da ist, manchmal weise Bemerkungen von sich gibt und vielleicht ein klein wenig die Geranien zuppelt.

In anderen Ländern wie in Polen oder Italien staunt man, so viele alte Menschen mit ihren Familien im Straßenbild zu sehen. Das Geld für ein Pflegeheim ist schlicht nicht da und die Familie insgesamt muss mit ran. Das ist sicher nicht immer einfach und dann doch wieder für beide Seiten bereichernd.

Der Mensch geht aus an sein Werk, an seine
Arbeit bis zum Abend.
PSALM 104,23 (ELB)

Im Schweiße deines Angesichts wirst du dein Brot
essen, bis du zurückkehrst zum Erdboden, denn
von ihm bist du genommen.
1. MOSE 3,19 (ELB)

In der Bibel finde ich nichts von Rente. Es gibt inzwischen Bestrebungen, zum Beispiel Hochbeete in Pflege- und Altenheimen zu errichten, damit die Bewohner etwas gärtnern können. In anderen wird in kleinen Gruppen gemeinsam gekocht. Zu DDR-Zeiten haben die Bewohner, wenn sie konnten, in den Altersheimen mitgeholfen, zum Beispiel beim Kartoffelschälen.

Eine Firma hat lauter alte Frauen versammelt, die ihren besonderen Kuchen gebacken haben.

Müßiggang ist aller Laster Anfang. Wenn ich eine Lesung im Altersheim habe, sehe ich dort besonders viele Frauen zusammensitzen, die die ganze Zeit reden. Viele sind noch recht fit. Beschäftigung würde ihnen guttun, auch wenn sie nicht mehr viel tun können, haben die „Alten" einen Sinn und eine Aufgabe. Wer körperlich nichts mehr tun kann, kann aber oftmals immer noch beten und seine Erfahrungen weitergeben.

Firmenchefs hören selten mit 63 auf. Wir bekommen ungefragt von unserem Umfeld gesagt, wann wir den Betrieb auf- oder weitergeben sollten. Sicherlich ist es irgendwann an der Zeit, sein Haus zu bestellen, aber aufhören tätig zu sein? Unmöglich. Ein Christ ist außerdem nie arbeitslos, denn es geht ja darum, möglichst viele Menschen für die Ewigkeit, für das ewige Leben zu gewinnen.

VORBILDER
FÜRS ALTER

Meine Schwiegermutter ist Jahrgang 1935 und wohnt in meinem Altersheim, ist aber immer noch sehr aktiv. Wenn Ernte ist, macht sie Quittenbrot. Oft backt sie noch Arnimthaler selbst und verpackt sie, um sie zu verschenken – mit der Bemerkung, sie müsse etwas mit den Händen tun. Sie schreibt E-Mails und ist sehr am Leben interessiert. Sie hat immer etwas vor und ist mir ein Vorbild.

Ein Vorbild sind mir Unternehmer wie Herr Kawohl, der trotz seines hohen Alters noch jeden Tag in die Firma geht. Das gehört einfach zu seinem Leben dazu.

Ein Vorbild war definitiv mein Vater, der mit 60 Jahren noch Pastor wurde.

Wenn ich Beethovenkonzerte betrachte, die Arthur Rubinstein in hohem Alter dirigierte, so sehe und höre ich da nichts von Rente, sondern Musik von im Alter vollendeter Perfektion.

Viele Gruppen mit Älteren, die uns in Lichtenhain besuchen kommen, klagen, sie seien ja nichts mehr wert und ich antworte dann, dass wir ihre Gebete brauchen.

Die Gebete meiner Mutter kurz vor ihrem Tod hatten enorme, ganz konkrete Auswirkungen auf mein Leben.

Es ist so wertvoll, sich auch fürs Alter noch Vorbilder zu suchen, selbst Vorbild zu sein und andere mit Gebet zu unterstützen.

VORBEREITUNG
AUF DEN HIMMEL

Eine erstaunliche Tatsache, die meinen Blick auf die Arbeit verändert hat, ist die, dass es im Himmel Arbeit gibt.

In Offenbarung 14,13 heißt es: „Sie sollen von all ihren Mühen ausruhen; denn ihre guten Taten folgen ihnen nach!" Es heißt aber auch in Offenbarung 22,3, dass im neuen Jerusalem das Lamm auf dem Thron ist und alle Bewohner Gott dienen werden.

Ich weiß nicht, woher die Vorstellung kommt, dass wir im Himmel die ganze Zeit auf den Wolken liegen und ein bisschen auf der Harfe klimpern. Ich halte sie für falsch.

Die Gläubigen werden im Himmel Arbeit haben, die sie mit Anbetung und Verehrung erfüllen.

Lange dachte ich, dass ich mich im Himmel nur ausruhen dürfte und die ganze Zeit abhängen kann. Chillen. Was auch immer das ist. Einerseits heißt es in der Bibel, dass wir von unserer Arbeit ausruhen dürfen und der Lohn für unsere Mühe gewiss ist. Und da die Bibel uns auf den ersten Seiten reinen Wein einschenkt, dass unser Leben Mühe und Arbeit ist, verbinden wir Arbeit eben mit Dingen wie Strafe, Anstrengung, Schweiß und etwas Mühseligem.

Die althergebrachte Vorstellung vom Himmel, wo man sich ausruhen darf, impliziert dann automatisch in unserem Denken, dass wir dort NICHT arbeiten werden. So sind wir geprägt und so hat man uns auch jahrzehntelang den Himmel vorgemalt. Und dies nicht zu Unrecht!

Denken wir nur an unsere Vorfahren! Mit 60 Jahren war eine Bauersfrau kaputtgearbeitet unter der Entbehrung des Krieges, während sie in Abwesenheit des Ehemannes viele Kinder aufgezogen hat. Mit zwei angespannten Kühen hat sie auf dem Feld gearbeitet bis zum Umfallen. Die waren nicht scharf auf Arbeit im Himmel! Aber ihrem Herrn dienen, ein Leben lang, das war ihre Grundeinstellung. Sie hat die letzten Jahre betend ihre Töchter und Schwiegertöchter unterstützt, wo es nur ging.

Wenn wir eines fernen Tages Gott im Himmel dienen, werden wir den Begriff Arbeit anders verstehen und mit neuen, anders gelagerten Emotionen und Erfahrungen füllen dürfen. Genau wie Ruhe, die ebenfalls neu definiert und erfahren werden wird.

Die Arbeit, die wir im Himmel verrichten werden, sie ist eine Anbetung, die Gott verherrlicht. Allerdings ohne Mob-

> *» Tut eure Arbeit mit Eifer und Freude, als würdet ihr Gott dienen und nicht Menschen.*
>
> KOLOSSER 3,23

bing, ohne schwierige Chefs und tratschende Kollegen, ohne Schweiß, ohne Ermüdung, stattdessen ständig erfrischend, augenblicklich lohnend und perfekt zu uns passend und zu dem, wozu wir geschaffen sind. Wir werden dort in einem dauerhaften „Flow" sein, ganz sicher!

Wir arbeiten für die Zukunft

Als Christen arbeiten wir hier auf Erden für die Zukunft.

Jesus wird Helfer brauchen. Darauf können wir uns jetzt schon vorbereiten. Und das, was wir hier tun, können wir so gut wie irgend möglich tun, jetzt schon mit ihm zusammen. Darauf richtet er sein Augenmerk. So kann ich jetzt meine Arbeit mit Gott in Verbindung bringen. Alles ist geistlicher Dienst.

Sogar abwaschen, aufräumen und putzen sind geistlicher Dienst, nichts ist unwichtig.

Die tägliche Arbeit bereitet auf das Reich Gottes vor. Der Himmel ist weder ein Urlaubsort, wo wir den ganzen Tag am Strand liegen, noch ein ewiger Gottesdienst, wie wir ihn sonntags feiern.

Arbeit dient dem Reich Gottes. Bereiten wir uns vor, Jesus zu helfen. So hat Gott sich das vorgestellt. Die Aufgabe, die wir bekommen werden, wenn Jesus regiert, hängt davon ab, wie wir unsere Arbeit hier auf der Erde machen. So bekommt das Leben einen neuen Sinn. Es wird eine erfüllende, befriedigende Arbeit sein, die zu jedem Einzelnen ultraspezifisch passt.

Ich glaube, dass unser Leben auf der Erde eine Vorbereitung auf den Himmel ist, und dass wir in allem nach dem Reich Gottes streben sollen, egal welchen Beruf wir haben. Allerdings gilt das für unser ganzes Leben, also auch für unsere Art, Beziehungen zu leben, für unseren Umgang mit Geld, mit Freizeit, mit unserem Körper ... Es gibt also viel zu tun.

Wenn wir so die Arbeit mit Gott zusammenbringen, kommt Sinn in das Ganze.

Robert Gilmour LeTourneau

Hervorheben möchte ich einen bewundernswerten Menschen: Robert Gilmour LeTourneau. Dieser geniale Ingenieur ist als größter Erfinder von Erdbewegungs- und Materialtransportgeräten in die Geschichte eingegangen. Von einigen der riesigen Maschinen, die er entwickelt hat, hat er sogar geträumt, das heißt, er hat sie von Gott bekommen. Mit diesen Maschinen kann man große Erdmengen bewegen. Wenn Jesus wiederkommt, braucht er unter anderem jemanden, der aufräumt! Robert LeTourneau wird dabei sein.

LeTourneau wollte eigentlich Prediger werden, aber ein Baptistenprediger erkannte sein außerordentliches Talent und hat ihn ermutigt, Unternehmer zu werden. Er hat Unglaubliches geleistet. Ohne seine Erfindungen hätte der 2. Weltkrieg vielleicht noch länger gedauert. Die riesigen von ihm erfundenen Erdplaniermaschinen machten es möglich, den Landeplatz für die Flugzeuge sicher zu planieren und das an strategischen Orten, wo das vorher nicht möglich war. So konnten die Flugzeuge schneller am richtigen Ort zum Einsatz kommen und weiteren längeren Krieg verhindern.

Er hat 90 % seines Einkommens für das Reich Gottes gegeben und sein Unternehmen war seine „Kanzel".

VORBILDER

MALTE EBERLE

Arbeit ist für mich ein wichtiger Teil meines Lebens, aber nicht mein alleiniger Lebensinhalt. Für meine körperliche und psychische Gesundheit spielt die gute Balance zwischen Tun und Ruhe eine bedeutende Rolle. Wir sollen nicht faul sein, aber auch nicht rastlos in einem fort vor uns hinarbeiten. So verstehe ich die Arbeitsethik, von der die Bibel spricht und die Gott für gesund hält.

Nach meinem abgeschlossenen Studium in Fahrzeug- und Motorentechnik, habe ich den Ingenieurberuf gegen einen handwerklichen eingetauscht. Ich wollte das Werk meiner Hände täglich sehen und nicht erst nach einem oft langen Prozess wie bei einem Ingenieur.

Schon während der Ausbildung zum Schreiner hatte ich einen Nebenerwerb angemeldet. Auslöser waren die vielen kleinen Aufträge, die ich bereits in dieser Zeit von Freunden, Bekannten und der Familie erhalten hatte. Nach meinem Abschluss konnte ich durch Unterstützung meiner Familie, meiner Freunde und meinem persönlichen Netzwerk im August 2022 eine Schreinerei im Haupterwerb eröffnen.

Ich bitte Gott täglich, mit mir durch den Arbeitstag zu gehen. Bei all den Themen und Entscheidungen, die mich als jungen Selbstständigen jeden Tag herausfordern, darf ich immer wieder erleben, wie Gott leitet, so zum Beispiel bei der Anschaffung einer Maschine. Aber auch bei der Frage, ob ich genügend Aufträge bekomme, welche Vertriebswege ich verfolge, und ob ich bei all den Investitionen auch noch das, was ich zum persönlichen Leben brauche, verdiene, erlebe ich etwas von seinem Handeln und erfahre Segen.

Ich bin tatsächlich schon gefragt worden, wie wichtig es für mich ist, reich zu sein. Meine etwas saloppe Antwort darauf: „Geld zu haben, ist in Ordnung. Wer hat schon was dagegen?" Ja, ich wünsche mir, so viel zu haben, dass ich mich gut versorgen kann. Auch mit wenig auskommen zu müssen, ist ja in Ordnung, und Reichtum definiert sich sowieso sehr individuell. Nichtsdestotrotz arbeite ich natürlich nicht nur für den Moment, sondern auch für die Zukunft, denn ich möchte den Betrieb dahingehend etablieren.

Eine große Rolle in meinem Leben spielen meine Eltern, mein Bruder und seine Frau, und meine Freunde. Sie stehen mir zur Seite und ohne deren Hilfe und deren Ressourcen, die ich immer wieder nutzen kann, hätte ich den Schritt in die Selbstständigkeit wohl nicht gewagt. Vor allem mein Vater unterstützt mich viel in der Werkstatt, hilft mir bei Projekten und ist da, wenn ein zweiter Mann gebraucht wird, wofür ich sehr dankbar bin.

Auch für meinen Onkel mütterlicherseits, der selbst 1991 das Geschäft meines Großvaters übernahm, bin ich wirklich froh! Bei ihm war ich schon als Kind, schnitt mit ihm gemeinsam Holz zu und entdeckte nach und nach meine Freude am Handwerken in einer richtigen Schreinerei. Umso mehr greife ich heute gerne auf seine jahrelange Erfahrung und seine Künste zurück.

Ebenso in diese Reihe gehört mein Mentor, der Mediator und Coach Michael von Arnim, der mich schon seit meinem 15. Lebensjahr begleitet, Probleme geduldig anhört und natürlich auch Freuden mit mir teilt. Gemeinsam gehen wir gern zur Jagd, telefonieren regelmäßig und tauschen uns über Erlebtes aus. Dafür kann ich ihm nicht genug danken. Nicht umsonst gehören er, wie auch meine Eltern, Familienmitglieder und der Unternehmerfreund und Kunde Ben Hägele zu meinen Vorbildern.

Neben meinem unternehmerischen Engagement bin ich in einer christlichen Gemeinde ehrenamtlich aktiv. Ich beteilige mich an Projekten und profitiere auch persönlich davon. Aber auch beim Volleyball-Spielen und im Freundeskreis kann ich in andere Welten eintauchen und fernab vom Betrieb neue Gedanken und Schwerpunkte verfolgen.

KARL MEZ

OHNE MICH KÖNNT IHR NICHTS TUN.

Johannes 15,5 (LUT)

Wenn es jemanden gibt, den ich besonders schätze, obwohl ich ihn nie persönlich kennenlernte, dann ist es Karl Mez, geboren 1808 in Kandern. Der Sohn eines Bandwebers und Kaufmannes war nicht nur ein erfolgreicher Unternehmer, sondern auch ein Christ, der wusste, worauf es im Leben ankommt. Sein Leben war von sozialem und kommunalpolitischem Engagement geprägt. Er war selbstlos und immer im Glauben an Gott um das Wohl der Menschen besorgt. Er hat Arbeit als eine soziale Aufgabe definiert, deshalb finde ich ihn beachtenswert.

Von der Mutter bekam Karl Mez das Beste mit. Sie lebte ihm und seinen Geschwistern eine echte, aufrichtige Frömmigkeit vor und war bestrebt, ihre Kinder zur Ehre Gottes zu erziehen. „Betet, betet", waren ihre ersten Worte am Tage. „Betet, betet", waren die letzten am Abend, ja, waren die letzten in ihrem Leben.

Karl Mez absolvierte eine kaufmännische Lehre in der Schweiz, wo er sich die peinliche Ordnungsliebe, auch in den kleinsten Dingen, aneignete, ohne die er wohl seine späteren Geschäftserfolge nicht hätte erzielen können. In Mailand in Italien kam er mit einem Seidenfabrikanten in Kontakt, bei dem er die Seidenproduktion von der Pike auf lernte.

Er war sehr sparsam und brauchte nicht viel zum Leben. Für ihn waren ein gesunder Geist und ein gut trainierter Körper wichtig.

Nachdem er 1832 gemeinsam mit seinem Cousin das Bandgeschäft Gebrüder Mez übernommen hatte, gründete er im Dreisamtal, das ihm Wasserkraft lieferte, eine Seidenzwirnerei. Sein Ziel war es, dem armen Volk sozial zu helfen. Jahrelang trug er immer ein Notizbuch bei sich, in dem er diesen Wunsch in zwei Merksätzen festgehalten hatte: „1. Mein Zweck ist Glück und Wohlsein der Menschen, Industrie ist mir nur Mittel zu diesem Zweck. 2. Eine Vermehrung des Wohlstandes ohne Verbesserung der sittlichen Zustände führt allerlei Gefahren mit sich."

So errichtete er seine Fabriken auf dem Lande und bekam dort Arbeitskräfte an Ort und Stelle. Er ging bewusst raus aus der Stadt, weil er die Ansammlung der

Menschen in den Städten als sittliche Gefahr ansah. Umso mehr blühten seine Geschäfte, darunter etliche Filialgeschäfte, unter dem Segen Gottes auf. Im Jahr 1851 hatte er um die eintausend Mitarbeiter.

Gern besuchte der junge Fabrikant die stille Kolonie der Brüdergemeinschaft in Königsfeld im Schwarzwald und ging dabei auch auf den Friedhof. Dort entdeckte er einen Grabstein mit der Inschrift: Hier ruht Karl Mez. Es war der gleiche Name, so wie ich immer nachdenklich werde, wenn ich meinen Namen auf einem Grab in der Uckermark finde, Daisy von Arnim, nach der ich heiße. Darunter stand: „In sein heißes Streben nach irdischem Lebenserfolg redete das Donnerwetter der Ewigkeit." Von da an beschloss der lebende Karl Mez, dass das Reich Gottes und seine Gerechtigkeit seine wichtigste Sorge sein sollte. Weil er alles, was er tat, ganz und gründlich tat, wurde er auch ein bewusster Christ mit ganzer Hingabe. „Bete und arbeite" wurde sein Wahlspruch.

Als er einmal mit einem Freund an einem verfallenen Kloster vorbeiging, war sein Kommentar: „In den Klöstern wurde schließlich nur noch gebetet und nicht mehr gearbeitet, darum sind sie zerfallen. Den Fabriken wird es nicht besser gehen, wenn man darin nur noch arbeitet und nicht mehr betet."

In einem Brief an seinen Sohn Karl Christian bedankte sich Karl Mez für dessen Grüße zum Geburtstag und schrieb: „Mein lieber Sohn! Lass uns hören, was unser Herr und Meister spricht: Er verbietet, Schätze zu sammeln auf Erden, da sie die Motten und der Rost fressen, aber er gebietet, Schätze zu sammeln im Himmel."

Karl Mez diente mit seinen industriellen Unternehmungen dem Volk. Er schuf soziale Einrichtungen, mit denen er seiner Zeit weit voraus war und nahm in seinen Betrieben die Sozialgesetzgebung vorweg. In einer Zeit, in der Arbeiter überall schrankenlos vom Unternehmer ausgebeutet wurden, legte er sich selbst aus freien Stücken Schranken auf, um den Arbeitern zu helfen. „Der Mensch muss höher geachtet werden als die Materie, Ware oder Maschine. Man darf nicht vergessen, dass in ihm eine Seele wohnt, welche zum ewigen Leben bestimmt ist, und dass zu solcher Seligkeit in diesem gegenwärtigen Leben der Grund gelegt werden soll."

Wie ein Vater kümmerte sich der Großindustrielle und bekennende Christ um seine Arbeiter. Er richtete eine Art Krankenversicherung ein, wobei er 40% des Krankengeldes zahlte. Er gründete eine Sparkasse, bei der die Einlagen der Arbeiter mit 5% verzinst wurden und führte die Sparpflicht ein. Jeder Arbeiter sollte einen Notpfennig haben. Er sorgte für gesunde geistige Nahrung und legte seinen Arbeiterinnen und Arbeitern nahe, regelmäßig an den freiwilligen Morgen- und Abendandachten teilzunehmen.

Karl Mez brachte ein „Friedensblatt" heraus, in dem er seine Beschäftigten ermahnte, sich an die großen Gemeinsamkeiten des christlichen Glaubens der evangelischen und katholischen Kirche zu halten. Zwietracht in Glaubensdingen sollte ferngehalten werden.

Da sich der Großindustrielle im Volk sehr gut auskannte und genau wusste, wo der Schuh drückte, setzte er sich auch als Abgeordneter für das Gemeinwohl ein.

Karl Mez warb für eine vernünftige Binnenwirtschaft, verlangte den Schutz der Arbeit, verbot den Bau von Fabriken in größeren Städten und förderte die Verlegung der Fabriken aufs Land. Außerdem forderte er die Errichtung von gemeinnützigen Liegenschaftsbanken zur Entschuldung der Landwirtschaft.

Bei seiner Silberhochzeit im Jahr 1859 gründete der Unternehmer eine große

KARL MEZ:

„Die Arbeit munter tun und dabei in ihm ruhen hat seinen unfehlbaren Segen."

Stiftung und legte damit den Grundstein für eine Wohltätigkeitsanstalt, den Freiburger Evangelischen Stift.

„Der bedürfnislose Mann, der morgens um fünf Uhr mit seinen Arbeitern aufstand und mit ihnen ihre Brotsuppe aß, wollte sein Vermögen in den Dienst Gottes und seiner Brüder stellen." Er entschlief am 28. Mai 1877.[1]

[1] Friedrich Hauß „Die uns das Wort Gottes gesagt haben". 1978 Hänssler Verlag

CHRISTOPHER HAAN

*I*ch habe Christopher Haan ausgewählt, weil er trotz seiner hervorragenden Ausbildung in der Schweiz und in England in der Uckermark geblieben ist und etwas für die Jugend hier tut. Beständigkeit, Menschenfreundlichkeit, Qualität und unternehmerische Dynamik sprechen für ihn.

„Mit meiner Heimat, der Uckermark, bin ich sehr eng verbunden. Die Menschen und die Natur hier sind mir ans Herz gewachsen. Umso mehr freut es mich, dass ich heute in dieser Region als Direktor eines renommierten Hotels arbeiten darf.

Ich wurde 1975 geboren und wuchs mit zwei Brüdern in Templin auf. Meine Eltern waren Veterinäre. Nach der Ausbildung zum Hotelfachmann und der Bundeswehr studierte ich am „Cesar Ritz" College in der Schweiz und an der „Oxford Brookes University" in England. Ich hätte danach überall arbeiten können, aber es zog mich wieder zurück in meine Heimat. Im Vier-Sterne-Hotel „Döllnsee-Schorfheide" habe ich meine Berufung gefunden. Die Arbeit als Hoteldirektor bereitet mir unendlich viel Spaß. Ich genieße die sehr gute Zusammenarbeit mit den Beschäftigten im Haus, denn ohne meine Mitarbeiter wäre ich nur der Hahn, der auf dem Mist kräht, aber mit meinem Team bin ich der Haan, der ein Hotel leitet.

Verinnerlicht habe ich vor allem den Wahlspruch des Namensgebers meiner Fachhochschule in der Schweiz Cesar Ritz, der besagt: „Behandle deine Mitarbeiter wie Könige, und sie werden deine Gäste wie Könige behandeln". In diesem Sinne begegne ich jedem Mitarbeiter mit Respekt und Verständnis, ohne ihm gleich eine Krone aufzusetzen.

Hervorheben möchte ich auch das große gegenseitige Vertrauen zu meiner Gesellschaft, mit der ich seit acht Jahren zusammenarbeite. Wir sind ein großartiges Gespann und haben bereits gemeinsam sehr viel für das Haus und die Region geschafft.

Wenn ich gefragt werde, wie wichtig mir Geldverdienen ist, bedaure ich, dass das Geld ein viel zu wichtiges Statussymbol geworden ist. Es führt zu Korruption, Egoismus und leider auch zu Kriminalität. Das nimmt so perfide Züge an, dass unsere Kinder kriminellen Rappern zujubeln und Clankriminalität als „cool" bezeichnen, während Korruption als Lappalie abgetan wird. Natürlich möchte ich auch Geld verdienen, um meine Bedürfnisse zu erfüllen, aber ich sehe auch ganz klar die negativen Folgen des Gewinnstrebens. Für mich hat die Selbstverwirklichung im Beruf den höheren Stellenwert.

Oft steht die Frage im Raum, was ich ändern würde, wenn ich Politiker wäre. Dazu habe ich eine klare Haltung. Diesen Job überlasse ich lieber anderen, denn ich wäre viel zu ehrlich dafür. Intrigen und Wählertäuschungen empfinde ich als erbärmlich und für Verschwendungssucht im öffentlichen Bereich würde ich die Verantwortlichen persönlich haftbar machen. Ich plädiere für mehr Volksentscheide und dafür, dass Leistungsbereitschaft wieder in den Vordergrund gerückt wird.

Das heißt für mich auch, Leistungen an wirklich bedürftige Menschen zu vergeben und Arbeitslose, die arbeiten können, in den Arbeitsmarkt zu integrieren. Es geht nicht, dass der Staat für Freizeit bezahlt, denn es bezahlt nie der Staat, sondern der Steuerzahler.

Meiner Meinung nach ist die Gesellschaft an einem Punkt angelangt, wo viel aufgearbeitet und reformiert werden muss – gesellschaftlich, ökonomisch, sozial – und das alles gemeinschaftlich. Dabei spielt die Arbeit für mich eine wichtige Rolle, die mit Selbstverwirklichung, Anerkennung und Verantwortung einhergeht.

Mein Ziel ist es, noch lange der Region und dem Leben ein guter Partner zu sein, vor allem meinem Sohn ein guter Vater. Das kommt für mich an erster Stelle. Ich bin auch der Überzeugung, dass all meine Mitarbeiter sich wohlfühlen und Arbeit, Familie und Freizeit ausgeglichen unter einen Hut bekommen. Das ist mir besonders wichtig und dafür setze ich mich mit allen Mitteln ein.

Als Kind der DDR ging ich mit 14 Jahren zum Konfirmandenunterricht, wollte Gott verstehen und wissen, welche Kraft von Religion ausgeht. Jedoch hat mich die Kirche als Institution enttäuscht, weil sie Missstände in der Gesellschaft nicht bekämpft hat. Gott ist für mich die Kraft, an Menschen zu glauben, an das Gute, auch wenn man immer wieder von furchtbaren Dingen umgeben ist. Gott ist für mich eine universelle Energie, welche uns alle durchströmt, uns vereint. Wir müssen sie nur zulassen."

SVEN ZILLAT

Sven Zillat gehört zu unserem Leben. Seit Jahren besucht er uns einmal die Woche mit einer Gruppe von Menschen mit Behinderung. Alle sind so gerne hier und es ist immer ein besonderer Tag, wenn die Gruppe uns besucht. Die schöne Fahrt von Templin nach Lichtenhain ist immer ein Ausflug und die konstante Arbeit in der Gemeinschaft unter Sven Zillats Aufsicht ist befriedigend für alle.

Sven Zillat:

„Ich habe über 20 Jahre als Dachdecker mit Ausbilderschein gearbeitet, dann jedoch musste ich wegen gesundheitlicher Probleme den Beruf wechseln. Ich schulte zur „Geprüften Fachkraft für Arbeits- und Berufsförderung" um und bin seit 2018 bei der „Stephanus gGmbH Werkstätten Templin" als Leiter im Berufsbildungsbereich tätig. Ich liebe meine Arbeit und könnte mir heute keinen schöneren Beruf vorstellen.

Dort betreue ich Menschen mit Behinderung, die innerhalb von zwei Jahren und drei Monaten herausfinden, welche Arbeit ihnen besonders liegt. Unser Job ist es, alle Wünsche und Bedürfnisse der Beschäftigten im Bereich Arbeit zu erkennen, ihnen entweder Angebote in der Werkstatt für behinderte Menschen zu bieten oder ihnen Arbeitsplätze in der freien Wirtschaft zu vermitteln.

Bei meiner Aufgabe bewahre ich mir immer die Menschlichkeit, höre zu, verstehe und begegne den behinderten Menschen im Alter zwischen 18 und 65 Jahren auf Augenhöhe. Ich bin kein Mensch, der den Chef raushängen lässt, sondern einer, der mitmacht, um zu zeigen, wie bestimmte Dinge funktionieren.

Jeder hat andere Werte und Normen, die durch sein Leben geprägt wurden, und das muss man berücksichtigen.

Wenn ich darüber nachdenke, wie wichtig Arbeit für jeden Menschen ist, weiß ich genau, dass es darum geht, glücklich zu sein, egal in welchem Beruf. Mit Arbeit kann man sich Wünsche und Träume erfüllen, das ist für mich Motivation. Wichtig ist für mich, sich mit seiner Arbeit zu identifizieren, Spaß daran zu haben, um sie auch gerne zu machen. Hier denke ich vor allem an meinen Schützling Lutz, der zu denen gehört, die einmal in der Woche in Haus Lichtenhain arbeiten und es lieben, außerhalb der Werkstätten tätig zu sein.

Haus Lichtenhain ist für alle immer ein besonderes Erlebnis. Sie genießen das herzliche Miteinander von den Angestellten bis hin zur Chefin und sind immer wieder davon begeistert, gemeinsam zu arbeiten, um wunderschöne Produkte herzustellen. Auch wird immer für eine leckere Pausenverpflegung gesorgt, sodass sich jeder wohlfühlt.

Für mich ist Arbeit ein normaler Bestandteil des Lebens. Die meiste Zeit verbringe ich mit Arbeit und auch der Weg dorthin – ich wohne in Penkun, der kleinsten und östlichsten Stadt von Vorpommern – nimmt viel Zeit in Anspruch. Aber das macht mir nichts aus, denn ich fahre gern Auto und es entspannt mich.

» KOMMT ALLE HER ZU MIR, DIE IHR MÜDE SEID UND SCHWERE LASTEN TRAGT, ICH WILL EUCH RUHE SCHENKEN. NEHMT MEIN JOCH AUF EUCH. ICH WILL EUCH LEHREN, DENN ICH BIN DEMÜTIG UND FREUNDLICH, UND EURE SEELE WIRD BEI MIR ZUR RUHE KOMMEN. DENN MEIN JOCH PASST EUCH GENAU, UND DIE LAST, DIE ICH EUCH AUFLEGE, IST LEICHT.

Matthäus 11,28-30

Auch auf die gute Zusammenarbeit mit den Kollegen lege ich großen Wert. Vor allem setze ich dabei auf Teamwork unter Berücksichtigung der Talente und Begabungen jedes Einzelnen.

Gern sitze ich mit meiner Familie zusammen, erzähle über dies und das oder plane nächste Treffen und Feste. Vor allem möchte ich das Leben in unserer Kleinstadt, wo fast jeder jeden kennt und wo ich schon mein ganzes Leben lang wohne, nicht missen.

Besonders froh bin ich, heute in einer kirchlichen Einrichtung arbeiten zu können, die sich über die Stephanus Stiftung mit ungefähr 4500 Angestellten um 28 000 Menschen in Berlin und Brandenburg kümmert. Dabei weiß ich ganz genau, dass über alle der beschützende Stern leuchtet, auch wenn viele Beschäftigte und Kollegen keinen kirchlichen Kontakt haben.

Gott spielt für mich in meiner Arbeit eine große Rolle. Ich selbst führe im Team Lerneinheiten über die Zeiten und Feste des Kirchenjahres durch.

Ich bin in einer kirchlichen Gemeinde groß geworden, mein Vater prägte das in der Familie und ich selbst engagiere mich heute im Kirchengemeinderat Penkun.

Der Gottesdienst am Sonntag ist das Ende der Woche und der Anfang der nächsten Woche. Dankbarkeit für das, was war und Zuversicht für das, was kommt, liegen mir dabei am Herzen. Ich bin ein Teil der Gemeinschaft, hier hole ich meine Kraft und weiß, jemand ist da und passt auf alle auf."

GEBETE &
Gedanken

HERR DER TÖPFE
UND PFANNEN

Teresa von Àvila zugeschrieben

Herr der Töpfe und Pfannen,
ich habe keine Zeit, eine Heilige zu sein
und dir zum Wohlgefallen
in der Nacht zu wachen,
auch kann ich nicht meditieren
in der Morgendämmerung
und im stürmischen Horizont.

Mache mich zu einer Heiligen,
indem ich Mahlzeiten zubereite
und Teller wasche.
Nimm an meine rauen Hände,
weil sie für dich
rau geworden sind.

Kannst du meinen Spüllappen
als einen Geigenbogen gelten lassen,
der himmlische Harmonie
hervorbringt auf einer Pfanne?
Sie ist so schwer zu reinigen
und ach, so abscheulich!

Hörst Du, lieber Herr,
die Musik, die ich meine?
Die Stunde des Gebetes ist vorbei,
bis ich mein Geschirr
vom Abendessen gespült habe,
und dann bin ich sehr müde.

Wenn mein Herz noch am Morgen
bei der Arbeit gesungen hat,
ist es am Abend schon längst
vor mir zu Bett gegangen.
Schenke mir, Herr,
dein unermüdliches Herz,
dass es in mir arbeite statt des meinen.

Mein Morgengebet
habe ich in die Nacht gesprochen
zur Ehre deines Namens.
Ich habe es im Voraus gebetet
für die Arbeit des morgigen Tages,
die genau dieselbe sein wird
wie heute.

Herr der Töpfe und Pfannen,
bitte darf ich dir
anstatt gewonnener Seelen
die Ermüdung anbieten,
die mich ankommt
beim Anblick von Kaffeesatz
und angebrannten Gemüsetöpfen?

Erinnere mich an alles,
was ich leicht vergesse;
nicht nur um Treppen zu sparen,
sondern, dass mein
vollendet gedeckter Tisch
ein Gebet werde.

Obgleich ich Martha-Hände habe,
hab' ich doch ein Maria-Gemüt,
und wenn ich die schwarzen Schuhe putze,
versuche ich, Herr,
deine Sandalen zu finden.
Ich denke daran,
wie sie auf Erden gewandelt sind,
wenn ich den Boden schrubbe.

Herr, nimm meine Betrachtung an,
weil ich keine Zeit habe für mehr.
Herr, mache dein Aschenbrödel
zu einer himmlischen Prinzessin;
erwärme die ganze Küche
mit deiner Liebe
und erleuchte sie mit deinem Frieden.

Vergib mir, dass ich mich absorge,
und hilf mir, dass mein Murren aufhört.
Herr, der du das Frühstück am See
bereitest hast, vergib der Welt,
die da sagt: "Was kann denn
aus Nazareth Gutes kommen?"

GEBET FÜR EINE RECHTE VERTEILUNG DER ARBEIT

Zu singen nach der Melodie von „Wie soll ich Dich empfangen" (EKG Nr. 11)

Was ist nur mit der Arbeit, dass sie uns, Gott so drückt?
Zu viel dort, hier zu wenig: Das rechte Maß missglückt!
Ach, hilf uns, Herr, zu teilen, die Arbeit und den Lohn,
und was nicht zu verdienen, schenk uns durch deinen Sohn.

Bestrafe nicht die Erde und nimm den Kummer fort,
dass wieder Garten werde, was gartenloser Ort.
Herr, wandel du die Mühe und segne, was verflucht (Gen 3,17-19),
lass Ruh und Arbeit finden, wer immer danach sucht.

Du hast die Welt geschaffen und uns zu deinem Bild;
wer also wollte meinen, dass Arbeit dir nichts gilt?
Du hast sie uns gegeben, sie füllt ein großes Stück
von einem Menschenleben; in ihr liegt Leid und Glück.

Die Arbeit zu gestalten, dass sie für alle reicht;
hilf uns die Welt verwalten, dass sie dem Gleichnis (Mt. 20 1-16) gleicht:
Der Markt, auf dem wir stehen, wer kommt und nimmt uns mit?
Wer wird nach allen sehen, verlangt nicht, dass wir quitt?

Wer schenkt uns immer wieder die Hoffnung auf die Zeit,
da Schwestern wir und Brüder – um uns Gerechtigkeit –
in einem Hause wohnen, das wir uns nicht gebaut
und doch in Wort und Taten des Einen schon geschaut?

Siegfried Macht, siegfriedmacht.de

LUTHERS MORGENSEGEN

Des Morgens, wenn du aufstehst, kannst du dich segnen mit dem Zeichen des heiligen Kreuzes und sagen:
Das walte Gott Vater, Sohn und Heiliger Geist! Amen.
Darauf kniend oder stehend das Glaubensbekenntnis und das Vaterunser.
Willst du, so kannst du dieses Gebet dazu sprechen:

Ich danke dir,
mein himmlischer Vater,
durch Jesus Christus,
deinen lieben Sohn,
dass du mich diese Nacht
vor allem Schaden und Gefahr
behütet hast, und bitte dich,
du wolltest mich diesen Tag
auch behüten vor Sünden
und allem Übel,
dass dir all mein Tun und Leben
gefalle.
Denn ich befehle mich,
meinen Leib und Seele und alles
in deine Hände.
Dein heiliger Engel sei mit mir,
dass der böse Feind
keine Macht an mir finde.
Amen.

Alsdann mit Freuden an dein Werk gegangen und etwa ein Lied gesungen oder was dir deine Andacht eingibt.

*Wie ein Schuster einen Schuh fertigt und ein
Schneider einen Rock, so soll ein Christ beten.
Eines Christen Handwerk ist Beten.*

MARTIN LUTHER

*Heute habe ich viel zu tun,
darum muss ich viel beten.*

MARTIN LUTHER

DER SCHLÜSSEL ZU FREUDE UND SINN DER ARBEIT

Arbeit sollte Freude machen. Und Arbeit mit den Händen ist ja auch extrem befriedigend. Es ist etwas Schönes, wenn man sagen kann: „Das habe ich gemacht."

Wie ich meine Arbeit hier auf Erden mache, entscheidet darüber, wie ich sie im Himmel weitermachen werde. Deshalb habe ich bei allem, was ich tue, immer diesen Gedanken im Hinterkopf und wie der Titel des Buches von John Bevere heißt: „Die Ewigkeit im Herzen".

Diene ich zum Beispiel als Arbeitgeber meinen Mitarbeitern durch klare Anweisungen, freundliche Rede, Mitgefühl, Lob, korrekten Lohn, Verständnis, Langmut? Liebe ich dadurch während der Arbeitszeit? Liefere ich bei meinen Kunden Qualität und einen Mehrwert ab? Diese Gedanken geben meiner Arbeit einen starken Sinn und lassen sie mich mit Leidenschaft tun. Es freut uns immer, wenn wir nette Rückmeldungen zu unseren liebevoll gepackten Paketen und Präsenten bekommen. Während ich packe, „rede" und bete ich mit meinen Kunden.

Vor langer Zeit klagte ich einem meiner Mentoren, ich sei gelangweilt und er entgegnete, ich gäbe nicht mein volles Potenzial in das, was ich tue. Das saß!

Ich bin auf meine Aufgabe im Himmel gespannt. Wird es eine riesige Mosterei mit Äpfeln aus dem Garten Eden sein? Oder werde ich in einer Bibliothek arbeiten, oder den ganzen Tag die besten Apfelkuchen backen? Egal was, es wird Freude pur sein!

Arbeit und Gebet sind die zwei Kräfte, die den Erfolg der Herausforderungen, die einem täglich begegnen, fördern. So können wir uns gewiss sein, dass Gott mit uns arbeitet, wenn wir ihn dazu einladen und uns seiner Gegenwart bewusst sind. Oft erscheinen die vor uns liegenden Aufgaben unmöglich, aber mit Gott sind sie möglich und er ist es, der die Kraft gibt.

WIE LIEBLICH IST DER MAIEN

Mein Arbeit hilf vollbringen
zu Lob dem Namen dein
und lass mir wohl gelingen,
im Geist fruchtbar zu sein;
die Blümlein lass aufgehen
von Tugend mancherlei,
damit ich mög bestehen
und nicht verwerflich sei

STROPHE 4 - TEXT: MARTIN BEHM,
MELODIE: JOHANN STEUERLEIN